Dieses Buch gehört

Was es zu *erleben* gibt

Was bedeuten *die Icons?*

- Übernachten
- Führungen
- Einkaufen
- Essen & Trinken
- Familienfreundlich
- Adults only
- Vegane Optionen
- Nachhaltigkeit
- Rollstuhlgerecht
- Hunde erlaubt
- Am Wasser
- Gastgarten

Vorwort

Ganze 415 Quadratkilometer sind es zwischen dem Wienerwald und den Donau-Auen, zwischen der nördlichen Donauinsel und dem Marchfeld. Dazwischen: Wien. Irgendwann wird die Stadt dann aber doch zu klein und man muss einfach raus. Genau für solche Momente gibt es dieses Buch. Auf den nächsten Seiten servieren wir dir über 55 tolle Inspirationen für Tagesausflüge, garniert mit 11 Touren, für die du dir lieber gleich ein ganzes Wochenende Auszeit von der Hauptstadt nehmen solltest.

Du kannst mit dem Fahrrad um den Neusiedler See strampeln, zu Fuß durch die Blüten und Blumen von Niederösterreich stapfen, mit dem Zug in die Zeit der Römer reisen oder mit dem Auto die steirische Route 66 entlangkurven.
Du kannst in den schönsten Naturparks und Gewässern Energie tanken, bei actiongeladenen Aktivitäten deinen Adrenalinspiegel nach oben schrauben, kulinarische Highlights von Buschenschank bis Fine Dining erleben oder die kulturelle Vielfalt des Wiener Umlands kennenlernen. Egal wie du es machst, egal was du machst: In diesem Buch findest du für alle Jahreszeiten, Wetter- und Stimmungslagen das passende Ausflugsziel

Weil wir es besonders gut mit dir meinen, haben wir dir in dieses Buch auch noch zahlreiche Gutscheine gepackt, die die Ausflüge für dich und deine Begleiter*innen noch attraktiver machen. Also: Raus aus der Stadt und rein ins (Um-)Land, das so viel mehr zu bieten hat als Speck(-Gürtel), Postbusse und Kirchenwirte.

KAPITEL 1

Ausflüge zum *Entspannen*

In Zeiten der ständigen Selbstoptimierung und völligen Durchtaktung des Alltags wirkt es fast wie eine kleine Revolution, am Wochenende nicht auch noch einen Marathon zum Runterkommen zu laufen.

Eine simple Wahrheit sollte man daher mantra-artig wiederholen: Man muss nicht bei jedem Ausflug den Schrittzähler im Blick behalten. Manchmal will man einfach nur in der Wiese sitzen und einen Baum anschauen oder im Thermalwasser den Stress der ganzen Woche wegspülen. Deshalb zeigen wir dir, wo du am besten Seele baumeln, Hirn abschalten und Muskeln entspannen kannst.

Südlich von Wien zum Beispiel, entlang der Thermenlinie, die sich vom Wiener Becken bis zum Wienerwald zieht, warten die Heilwasserquellen vieler Thermalbäder auf dich, in denen du dich ganzkörperlich in das schwefelhaltige Quellwasser einlassen kannst.

Ein bisschen weiter im Nordosten Niederösterreichs gibt es die verschiedensten Gärten voll mit wohlriechenden Kräutern blühenden Pflanzen und fantastischen Erlebnissen, die entdeckt und durchschlendert werden wollen. Und wenn du Lust auf Lavendelduft in der Nase hast, dann ist das Burgenland genau das richtige Bundesland für deinen Wochenendausflug.

Wohin es dich auch immer zieht, egal ob auf die Flaniermeilen von Schlossparks, die zahlreichen Entspannungsbereiche der Thermalbäder oder die urigen Weinkeller des Kamptals: In diesem Kapitel sind elfmal Erholung garantiert. Versprochen.

Schlosspark Laxenburg

www.schloss-laxenburg.at
Instagram: schlossparklaxenburg

Schlossplatz 1
2361 Laxenburg
+43 (0) 2236 71226

Öffnungszeiten: täglich

Schlosspark *Laxenburg*

Es gibt Wochenenden, da wacht man auf und fühlt sich wie ein*e Kaiser*in, weil die Sonne schon durchs Fenster scheint und keine Termine im Kalender stehen.

An solchen Tagen begibst du dich am besten schnellstmöglich in den Schlosspark Laxenburg, den größten historischen Landschaftsgarten Österreichs, wo schon Sisi und Franz ihre Flitterwochen verbracht haben. Der Ausflug startet in der Franzensburg, in der du nicht nur die kaiserlichen Kunstschätze begutachten und etwas über die Geschichte der Habsburger lernen, sondern dir im Turm der Burg einen fantastischen Überblick über das ganze Gelände und weit darüber hinaus verschaffen kannst. Königlich flanierst du durch die Gartenkunst des Schlossparks, bevor du im Anschluss im Café Meierei am Schlossteich die wirklich relevante K. u. K. Kombination bestellst: Kaffee und Kuchen. Für eine echt authentische Nachmittagsschlemmerei empfehlen wir, an der Melange mit abgespreiztem Finger zu nippen und den Apfelstrudel mit Blick auf die majestätischen Schwäne im Teich zu verspeisen. Wer wirklich beeindrucken möchte, sollte noch dem Bootsverleih einen Besuch abstatten und mit dem Kuschelkatamaran dem Lieblingsmenschen endlich die Romantik bieten, die man eigentlich nur aus Filmen kennt.

Ein Tipp für Familien mit Kindern: Der große Spielplatz macht den Schlosspark auch für kleine Royals zu einem tollen Ausflugsziel.

LOISIUM WeinWelt

Wem Siri etwas zu unpersönlich und technisch ist, der sollte es vielleicht einmal mit Veltlina probieren.

Statt langweiliger Wetterinfos und falsch verstandener Kalendereinträge hat dieser Audioguide nämlich die wirklich relevante KI im Angebot: Veltlina verrät dir die geheimsten Kellerinformationen der LOISIUM WeinWelt in Langenlois. Aber nicht nur für ein Tête-à-Tête mit Veltlina lohnt sich ein Besuch ins malerische Kamptal. Die gesamte LOISIUM Weinwelt ist eine Erlebnisreise in die herrlich vielseitige Welt der vergorenen Trauben. Hier trifft ein 900 Jahre alter Weinkeller auf eine moderne Vinothek und einen einladenden Verkostungsraum, in Einklang mit der Natur gestaltet und konzipiert vom New Yorker Architekten Steven Holl. Die gekonnte Verbindung von Tradition und Moderne des Weinbaus ist ein absoluter Hingucker und bietet ein wunderbar passendes Ambiente, in dem eine Weinverkostung so richtig Spaß macht.

Und mit Veltlinas Stimme im Ohr und Veltliner im Glas kann so ein Tag dann schon einmal etwas schneller vergehen als geplant. Sollte das passieren, muss man nur ein paar Schritte ins hauseigene Wine & Spa Hotel weiterwandern, glücklich in einem der liebevoll gestalteten Zimmer einschlafen und sich darauf freuen, dass beim Aufwachen schon das Frühstück und ein 1.200 Quadratmeter großer Wellnessbereich auf einen warten.

Gutschein auf Seite 147

LOISIUM WeinWelt

www.loisium.com/weinwelt-langenlois
Instagram: loisium_weinwelt

Loisium-Allee 1
3550 Langenlois

Öffnungszeiten: täglich

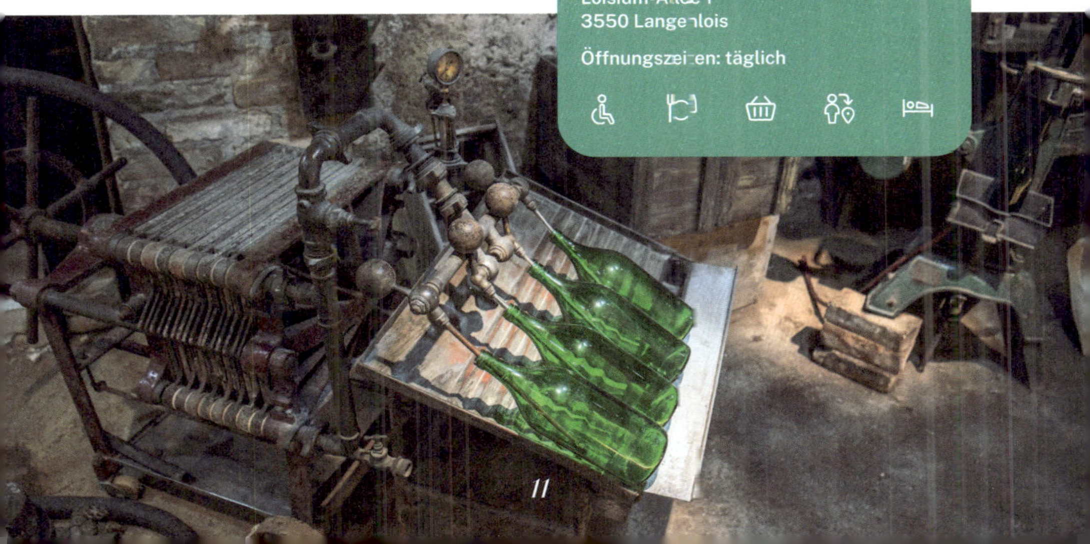

Thermalbad Vöslau

www.thermalbad-voeslau.at
Instagram: thermalbad_voeslau

Maital 2
2540 Bad Vöslau

Öffnungszeiten:
April – September täglich

Thermalbad Vöslau

Dr. Malfatti von Monteregio klingt zwar wie ein Superschurke aus dem Thomas-Brezina-Universum, war aber tatsächlich der Leibarzt von Beethoven.

Und der kümmerte sich nicht nur um die Gesundheit des Komponisten, sondern hat 1825 auch die Ursprungsquelle des Thermalbads Vöslau fassen lassen. Seitdem sprudelt das Wasser mit der über 15.000-jährigen Geschichte in die vier historischen Becken der Badeanstalt. Und es ist egal, ob du zuerst im Waldbecken oder im Thermalwasser des Grünen Beckens entspannst, im Blauen Becken sportelst oder mit den Kids ins Kinderbecken eintauchst – jedes hat seinen ganz eigenen Charme. Bad Vöslau ist aber nicht nur ein guter Ort, um den Körper in das gesunde Wasser mit zahlreichen wertvollen Mineralstoffen einzulegen, auch die Geschichte des Thermalbads hat so einige spannende Fakten zu bieten. So gab es hier die ersten Schwimmkurse für Frauen in Österreich, die ihre Bahnen somit in den gleichen Becken zogen wie etwa Arthur Schnitzler, wenn auch zu unterschiedlichen Uhrzeiten. Und wer bei Schnitzler schon wieder hungrig wird: Für köstliche Kulinarik nach den Kraulübungen sorgt die Kabane 21, das hauseigene Restaurant des Thermalbads, das österreichische und mediterrane Küche serviert, von Snacks und Salaten bis zur Thermalbad-Torte.

Bonustipp: Am Freitag ist – passend zur Location – Fischtag in der Kabane. Dann bekommst du deine 4K zusammen: Kraulen, Kabeljau, Kartoffelsalat und Kuchen. Wir wünschen schönes Schwimmen und guten Appetit!

% Gutschein auf Seite 169

Fischauer *Thermalbad*

Wer in ein Heilwasser mit historischer Bedeutung eintauchen will, dem sei das Fischauer Thermalbad ans Herz gelegt.

Schon 1771 entstand hier am südlichen Fuß der Thermenlinie das erste Badehaus und spätestens seit den 1870er-Jahren, als das Bürgertum auf die badende Aristokratie blickte und dabei auch die regenerierende Wirkung des Planschens für sich entdeckte, zählt der Ort Bad Fischau mit seinem Quellwasser zu einem beliebten Erholungsort südlich von Wien.

Verändert hat sich seitdem aber noch um einiges mehr: Heute sind das Herren- und das Damenbecken nur namentlich, aber nicht mehr nach Gender getrennt – Bad Fischau ist längst ein modernes Thermalbad inklusive Kinderbereich und Babybecken, das dennoch seine kaiserlich-aristokratischen Sommerfrische-Vibes behalten hat. Besonders die hölzernen Kabinenreihen mit den markant grünen Türen sind ein absoluter Hingucker und man fühlt sich kurz wie ein*e Kaiser*in in neuen Badekleidern, wenn man sich für den Badespaß adjustiert. Ein weiteres Highlight ist die mystische Felsengrotte mit efeu-bewachsenem Wasserfall, die seit ihrer Entdeckung unverändert geblieben ist.

Für so viel wilde Romantik lohnt es sich immer, der Stadt für ein paar Stunden den Rücken zu kehren und nach Bad Fischau zu fahren. Vielleicht nicht mehr mit dem Fiaker, sondern mit dem Zug oder mit dem Fahrrad den idyllischen Thermenradweg von Wien entlang. Kaiserliche Abkühlung ist aber nach wie vor garantiert.

Fischauer Thermalbad

www.fischauer-thermalbad.at

Hauptstraße 10
2721 Bad Fischau-Brunn

Öffnungszeiten:
April – September täglich

SONNENTOR Erlebnis

www.sonnentor.com
Instagram: sonnentor_erlebnis

Sprögnitz 10
3913 Sprögnitz

Öffnungszeiten: ganzjährig (unterschiedliche Öffnungs-/Führungszeiten)

SONNENTOR Erlebnis

Wenn die Schnelligkeit und der Stress der Stadt wieder einmal alle Gefühle anästhesiert haben, dann will man sich einfach wieder einmal so richtig spüren.

Am besten geht das vielleicht in der SONNENTOR Erlebniswelt in Sprögnitz. Wunderschön inmitten der Waldviertler Natur gelegen, ist dieser Ausflug ein Kurztrip ins Reich der Sinne, der schon beim Eintreten mit einem unglaublichen Kräuterduft lockt und durch zahlreiche Gärten und Wanderwege führt. In diesem blühenden Paradies kann man nicht nur die sogenannte Seele baumeln lassen, bis ihr schwindelig wird, sondern auch lernen, wie die Kräuter wachsen, die man sonst nur aus dem Gewürzregal in getrockneter Form kennt.

In Sprögnitz wird nachhaltige Landwirtschaft großgeschrieben, Bio ist hier kein schwammiges Siegel, sondern Philosophie. Und diese Philosophie kann man sogar anfassen: Im Kräuterstreichelgarten kannst du genau das machen, was der Name verspricht: Kräuter streicheln. Wie schön es sein muss, ein geliebter Rosmarin in Sprögnitz zu sein! Neben Pflanzenstreicheln und Wanderwegen mit weitreichendem Waldviertel-Blick lohnt sich auch ein Abstecher ins Wald-Reich, einem interaktiv gestalteten Waldstück mit Rätseln und Erlebnisstationen.

Nach so viel Natur kann man sich noch im Gasthaus Leibspeis' stärken oder – für die maximale Kräuterdosis – über Nacht in einem der Wohnwagen-Lofts im Kräutergarten schlafen.

% Gutschein auf Seite 159

Römertherme Baden

Der Witz liegt vielleicht auf der Hand, aber er wird deshalb nicht weniger wahr: Wenn eine Stadt schon Baden heißt, dann wird das einen Grund haben.

In Baden bei Wien ist dieser Grund das Schwefelwasser, das aus rund 1.000 Metern Tiefe an die Oberfläche dringt. Seine Bedeutung hat der Ort genau diesem Wasser zu verdanken – hier hatten schon die Habsburger eine Sommerresidenz und aus Beethoven sprudelte die 9. Sinfonie heraus, die wir heute als Europahymne kennen. Insgesamt 15 Schwefelheilquellen findet man in dem Wasser- und Luftkurort, der nur ein paar Kilometer südlich von Wien an der Thermenlinie liegt und ganz leicht mit der Badner Bahn von der Innenstadt erreicht werden kann.

Eine dieser Quellen, die Josefsquelle, fließt direkt in die Leitungen der Römertherme Baden und versorgt sie mit zahlreichen heilsamen Mineralstoffen.

Mit der dazugehörigen Wellnesslandschaft aus Saunen und Dampfbädern ist so ein Besuch in Baden also der ultimative Selfcare-Tag mit langer Geschichte. Denn die Römertherme heißt so, weil der Ort schon seit der Zeit des römischen Kaisers Claudius für sein besonderes Wasser bekannt ist.

Aber selbst in Baden kann man mehr als baden: Der Kurort trumpft nicht nur mit seinem Wasser auf, sondern besticht auch mit seiner herrlichen Altstadt sowie den zahlreichen Parks, Kulturangeboten und regelmäßig stattfindenden Festivals wie dem La Gacilly-Baden, dem größten Fotofestival Europas.

Römertherme Baden

www.roemertherme.at

Brusattiplatz 4
2500 Baden bei Wien

Öffnungszeiten: täglich

Schlosspark Mauerbach

www.schlosspark.at
Instagram: schlossparkmauerbach

Herzog-Friedrich-Platz 1
3001 Mauerbach

Öffnungszeiten: täglich

Schlosspark Mauerbach

Es gibt sie, diese faulen Tage, an denen man einfach nur in der Wohnung herumgammelt, ohne sich irgendwie bewegen zu wollen.

Verleg' doch das nächste Mal dieses Nichtstun in den Schlosspark Mauerbach und gönn' dir dort ein Lazy-Day-Package für einen Tagesaufenthalt im riesigen Adults-only-Spa auf 1.700 Quadratmetern mit Pool, Sonnenterrasse, Sauna, Dampfbad und Massagen. Klingt gut?

Das ist noch gar nicht alles: Im Schlosspark Mauerbach liegt der Fokus auf einem ganzheitlichen Ruhekonzept für maximale Erholung. Übersetzt heißt das: Rund um Mauerbach warten Yoga, Fitness und angrenzende Wander- und Radwege auf diejenigen, die sich vielleicht doch ein wenig von der Liege schälen wollen. Zumindest einen Spaziergang ins hauseigene Restaurant Vier Jahreszeiten sollte man aber auf jeden Fall einplanen. Hier verwöhnt dich eine Haubenküche mit regionalen und saisonalen Gerichten und füllt die Nährstoffspeicher nach dem Schwitzen in der Sauna wieder auf. Egal ob die Augenringe von zu viel Arbeit oder zu langen Nächten kommen: Nach einem Tag in Mauerbach bist du wieder bereit für die Arbeit, das Leben – oder zumindest für das nächste Wochenende.

Und wenn dir das nach einem Tag noch nicht reicht, bleibst du einfach über Nacht. Spätestens nach dem reichhaltigen und gesunden Frühstücksbuffet ist die körpereigene Batterie wieder aufgeladen und man versteht endlich, wie sich Tiefenentspanntheit wirklich anfühlt.

% Gutschein auf Seite 158

Kittenberger *Erlebnisgärten*

Wenn Alice im Wunderland in ein Loch in einem Wiener Beisl gefallen wäre, dann wäre sie vermutlich in den Kittenberger Erlebnisgärten in Schiltern bei Langenlois wieder rausgekommen.

Dort hat die Familie Kittenberger nämlich auf über 60.000 Quadratmetern eine bunt blühende Fantasie von 50 Themengärten geschaffen. Hier in Schiltern grenzt Asien an die Weinberge des südlichen Kamptals, wachsen Blumen zu einem bunten Regenbogen und Steppe und Wasser stehen sich nicht diametral gegenüber.

In diesem einzigartigen Flora-und-Fauna-Fiebertraum gibt es nicht nur eine unglaubliche Vielzahl an Pflanzen zu entdecken, sondern es warten auch Alpakas, Waldviertler Kängurus und Zwergziegen auf dich. Abschütteln kannst du diese Überdosis Niedlichkeit dann im Abenteuergarten mit Bauerngarten und Familien- und Adrenalinrutsche.

Zusätzliche Erlebnisse wie ein Mystery Hunt durch die Gärten, Kräuterkunde oder spannende Fakten im Känguru-Paradies machen die Kittenberger Gärten immer wieder zu einem aufregenden Ausflugsziel. Wenn man schließlich all die Eindrücke aus diesem Wunderland verarbeiten und runterspülen muss, dann unbedingt im Gartenrestaurant Glas.Haus, das mit saisonalen Gerichten deinen Gaumen erfreuen wird.

Und wer überhaupt nicht mehr in die graue Realität zurückwill, bucht sich einfach eines der Chalets am Gartensee und bleibt. Eine Nacht. Ein Wochenende. Oder vielleicht für immer? Alice freut sich jedenfalls bestimmt über Gesellschaft.

Gutschein auf Seite 145

Kittenberger Erlebnisgärten

www.kittenberger.at
Instagram: kittenberger.erlebnisgaerten

Laabergstraße 15
3553 Schiltern bei Langenlois

Öffnungszeiten: täglich

Heiltherme Bad Waltersdorf

www.heiltherme.at
Instagram: heilthermequellenhotel

Thermenstraße 111
8271 Bad Waltersdorf

Öffnungszeiten: täglich

Heiltherme Bad Waltersdorf

Wenn die TCM-Vorträge der immer ausgeschlafenen Yogafreund*innen ein bisschen zu ausufernd werden, dann ist es allerhöchste Zeit für einen Gegendiskurs.

Wir empfehlen dazu TSM, Traditionell Steirische Medizin. Dabei geht es aber nicht um Kariesprophylaxe durch Kernöl-pulling oder hochdosierte Veltliner-Globuli, sondern um die Heiltherme Bad Waltersdorf. In dieser TSM-Gesundheitsoase kannst du sowohl wohltuende Massagen und Natur- und Kräuterheilkunde genießen als auch in Ruheoasen mit vielversprechenden Namen wie „Traumland" oder „Plaudertasche" endlich den Gossip der vergangenen Wochen besprechen. Oder gründlich den Schlaf nachholen, den dir die Baustellen der Stadt seit Wochen rauben. 14 Thermalbecken, zahlreiche Saunen, Liegeplätze, ein großer Innen- und Außenbereich und noch viel mehr Entspannungsecken laden in der Heiltherme Bad Waltersdorf zum Runterkommen ein. Und wenn man schon in der Steiermark ist, dann kann ein Wein zum Abschluss nicht schaden.

Ob das TSM-konform ist? Genussvoll ist es mit Sicherheit. Das Thermenrestaurant Quellblick bietet TSM-Kulinarik mit wechselnden Mittagsmenüs und eine vielseitige Speisekarte, die traditionelle Gerichte und vegane Speisen bereithält. Durch die enge Zusammenarbeit mit regionalen Produzent*innen erwarten dich hier echt steirische Köstlichkeiten. Quellwasser, Massagen, Kulinarik – nach einem Besuch in der Heiltherme Bad Waltersdorf fühlt man sich wirklich kern(öl)gesund.

DIE GARTEN TULLN

Lässt die Monstera den Kopf hängen oder sind die Trauermücken mal wieder Grund für Streit in der WG, weil irgendjemand zu viel oder zu wenig oder mit dem falschen Wasser gegossen hat?

Dann ist das der perfekte Anlass für einen Ausflug nach Tulln zu DIE GARTEN. In Europas erster ökologischer Gartenschau erwarten dich praktische Anregungen, kreative Ideen und genügend Inspiration für deine Zimmerpflanzen oder die Balkonbegrünung – und bei über 70 Mustergärten ist bestimmt für jeden Anlass das passende Thema dabei.

Die Vielfalt der Gärten ist absolut beeindruckend: Vom Portugiesischen Garten bis zu den tanzenden Bäumen des Hexentanzes, vom Liebesgarten bis zur Naturapotheke gibt es in Tulln alles, was die blühende Fantasie erlaubt. Aber nicht nur für Hobbygärtner*innen, auch für passive Gartengenießer*innen lohnt sich ein Ausflug in die Gartenschau. Der Baumwipfelweg, auf dem du in 30 Meter Höhe durch den niederösterreichischen Dschungel flanierst, oder eine Fahrt mit Kanus und Tretbooten im Wasserpark Tulln erfreuen grüne Daumen und grüne Herzen gleichermaßen.

Durstige Naturliebhaber*innen können den Bayerischen Biergarten bewundern und besetzen, und mit Kindern lohnt sich ein Ausflug in den Motorikpark mit Kletter- und Balancierelementen.
Am Ende kannst du dir dann im Shop Pflanzenzuwachs für den Wohnungsdschungel mitnehmen – mit dem neuen Pflanzenwissen kann auch nichts mehr schiefgehen.

DIE GARTEN TULLN

www.diegartentulln.at
Instagram: diegartentulln

Am Wasserpark 1
3430 Tulln

Öffnungszeiten: April – Oktober: täglich

Steppenduft

www.steppenduft.at
Instagram: duftbauer

Maria-Weitner-Platz 28
7132 Frauenkirchen

Öffnungszeiten: Mai – Oktober: SA

Steppenduft

Im Burgenland ist alles ein bisschen anders – im schönen Frauenkirchen ist beispielsweise ein Schweinestall der am besten riechende Ort und lockt mit zart-frischem Lavendelduft.

Um zu verstehen, warum das so ist, muss man einen Ausflug in die wunderbare Duftwelt von Steppenduft im Osten Österreichs machen. Hier hat sich Stefan Zwickl aus dem Seewinkel seinen Traum erfüllt und in der pannonischen Tiefebene den alten Bauernhof seiner Eltern in eine Duftmanufaktur umgebaut. Biologisch und ganz ohne Gentechnik blühen seitdem auf den Feldern Lavendel, Zitronenverbene und viele andere erlesene Kräuter, die eine wahre Augen- und Nasenweide sind.

Aus diesen Pflanzen zieht der Duftalchemist mit Destillationsanlagen, die an die historischen Baupläne von Universalgenie Leonardo da Vinci angelehnt sind, wunderbare Duftextrakte – und das in Handarbeit, immer mit dem Bestreben, den herrlichen Duft der Natur zu extrahieren und festzuhalten. Besonders eindrucksvoll erleben kann man diese spannende Arbeit bei einer Duftsafari, die mit einer Führung über die blühenden Felder beginnt.

Neben den traditionellen Heilpflanzen wie Salbei und Thymian erwarten dich dabei auch exotische Arten wie Grapefruitminze und die Arabische Ringelblume. Nach dem Feld geht es ins Atelier, wo du dich bei einem Glas Wein durch das Duftsortiment schnuppern und darüber staunen kannst, wie der Duftalchemist mit seinen Destillen die wohlriechenden Essenzen und Öle herstellt. Wie man in Berlin sagen würde: Dufte!

% Gutschein auf Seite 163

Zeit zum *Abhaken!*

◯	Schlosspark Laxenburg	FAZIT ☆☆☆☆☆ NOCHMAL? JA ◯ NEIN ◯
◯	LOISIUM WeinWelt	FAZIT ☆☆☆☆☆ NOCHMAL? JA ◯ NEIN ◯
◯	Thermalbad Vöslau	FAZIT ☆☆☆☆☆ NOCHMAL? JA ◯ NEIN ◯
◯	Fischauer Thermalbad	FAZIT ☆☆☆☆☆ NOCHMAL? JA ◯ NEIN ◯
◯	SONNENTOR Erlebnis	FAZIT ☆☆☆☆☆ NOCHMAL? JA ◯ NEIN ◯
◯	Römertherme Baden	FAZIT ☆☆☆☆☆ NOCHMAL? JA ◯ NEIN ◯
◯	Schlosspark Mauerbach	FAZIT ☆☆☆☆☆ NOCHMAL? JA ◯ NEIN ◯
◯	Kittenberger Erlebnisgärten	FAZIT ☆☆☆☆☆ NOCHMAL? JA ◯ NEIN ◯
◯	Heiltherme Bad Waltersdorf	FAZIT ☆☆☆☆☆ NOCHMAL? JA ◯ NEIN ◯
◯	DIE GARTEN TULLN	FAZIT ☆☆☆☆☆ NOCHMAL? JA ◯ NEIN ◯
◯	Steppenduft	FAZIT ☆☆☆☆☆ NOCHMAL? JA ◯ NEIN ◯

Zeit zum *Abhaken!*

Den herabschauenden Hund in den Gasteiner Bergen üben, unter 1.000 Jahre alten Eichen philosophieren oder im Baby Spa vom Moar Gut mit den Kleinsten abchillen – hake ab, was du bereits erlebt hast und hol dir Inspiration für noch mehr Ausflugsideen, die auch die gestresstesten Seelen zur Entspannung führen.

Wellness-hotels

- ◯ Jufenalm in Salzburg
- ◯ Genussdorf Gmachl in Salzburg
- ◯ Die Wasnerin im Ausseerland
- ◯ Nesslerhof in Salzburg
- ◯ der daberer in Kärnten

Kraft-plätze

- ◯ Blaue Quelle in Tirol
- ◯ Maibachl in Kärnten
- ◯ 1.000-jährige Eiche in Bad Blumau
- ◯ Kaserboden in Filzmoos
- ◯ Kraftarena Groß Gerungs im Waldviertel

Yoga Retreats

- Yogafrühling und -herbst in Bad Gastein
- Yogafestival Kleebauer Hof in Oberösterreich
- Soami Retreat Resort in Kärnten
- AlpenRetreat Yoga Resort in Tirol
- Yoga Retreats von The Wyld Thing

Mit Familie

- Naturhotel Forsthofgut in Salzburg
- Reiters Reserve Finest Family im Burgenland
- Farm Resort Geislerhof in Tirol
- Moar Gut in Salzburg
- Baumhotel Kopfing in Oberösterreich

Hütten

- Gowilalm in Oberösterreich
- Stüdlhütte in Tirol
- Die Deantnerin in Salzburg
- Dolomitenhütte in Tirol
- Marktlhütte in Kärnten

KAPITEL 2

Ausflüge in die *Natur*

Stadtkinder können sich zwar an jeder zweiten Ecke einen Kebab vom Kalb besorgen, wissen dafür aber nicht, dass Kühe gar nicht lila sind.

So oder so ähnlich lautet zumindest ein Scherz, den die österreichische Landjugend sich gern über das entfremdete Aufwachsen ihres urbanen Gegenparts erzählt. Damit diese Bildungslücken schnellstmöglich geschlossen werden können und der Kulturkontakt zwischen Großstadt und Landleben verstärkt wird, widmet sich dieses Kapitel der Natur in all ihren Gestaltungen und Facetten.

Egal ob du lieber die wichtigsten Funfacts über köstliche Wachauer Marillen (orange) lernen, dem malerischen Lauf des Wiener Leitungswassers (blau) folgen oder die Weisheit in der Mannersdorfer Wüste (grün, kein Scherz) suchst: Auf den nächsten Seiten findest du zahlreiche Ausflugsziele, bei der die wunderschöne Flora und Fauna der Regionen im Wiener Umland im Mittelpunkt steht. Von Rundwanderwegen in malerischen Naturparks bis hin zu verwunschenen Bachläufen, von ausgiebigen Streicheleinheiten mit Alpakas bis zur erfrischenden Abkühlung in der Donau, von heiligen Steinen bis zu Barock und Biedermeier – diese elf Destinationen im Grünen lassen selbst die überzeugtesten Stadtmenschen für ein paar Stunden an der Wohnortwahl zweifeln.

Doch kein Grund, gleich aufs Meldeamt zu huschen – es reicht, statt Umzugskisten nur den Tagestrip-Rucksack zu packen. Alle Ausflugsziele sind von Wien aus einen (mal kleineren, mal größeren) Kuhhüpfer entfernt.

1. Wiener Wasserleitungsweg

Start: Hirschwang an der Rax
Ziel: Kaiserbrunn

Länge: 4 km
Schwierigkeitsgrad: mittel

1. Wiener *Wasserleitungsweg*

Seltsamerweise freuen sich Wiener*innen nach längerer Abwesenheit bei der Rückkehr in die eigene Wohnung nicht am meisten auf das eigene Bett, sondern auf ihren Wasserhahn.

Tatsächlich ist das Wiener Leitungswasser eines der besten Trinkwasser der Welt und wenn man den 1. Wiener Wasserleitungsweg entlangspaziert, dann versteht man auch ein bisschen besser, warum das so ist. In der Schlucht des Höllentals, das sich zwischen Rax und Schneeberg erstreckt, fließt seit 140 Jahren das Wasser der Kaiserbrunnquelle in die Leitungen der österreichischen Hauptstadt.

Besonders idyllisch kann man dem Wiener Wasser in Niederösterreich von Hirschwang bis nach Kaiserbrunn folgen. Auf dem Weg, der über Steine, Metalltreppen und entlang des Schotters des Flussbettes führt, erwarten dich kristallklare Flussläufe und wunderschöne Buchten, die im Sommer zum Baden und Picknicken einladen. Stärken kann man sich dann in Kaiserbrunn in der Gaststätte Am Wasserwerk – dort gibt es rustikale Speisen und Superbowls.

Nach so viel Wasser empfehlen wir außerdem, zum Zapf- statt zum Wasserhahn zu greifen. Denn wenn es einen Drink gibt, der noch ein bisschen erfrischender ist als ein kaltes, klares Wasser aus der Leitung, dann ist das ein prickelndes Hopfenkracherl, und mit dem regionalen Raxbräu bekommst du hier ein besonders köstliches Exemplar.

Naturpark *Hohe Wand*

Nur eine (Auto-)Stunde von Wien entfernt erstreckt sich der Naturpark Hohe Wand, zurecht eines der beliebtesten Ausflugsziele, wenn der Wald-, Wiesen- und Berghunger sich mal wieder meldet.

Am besten startest du deine Entdeckungsreise im Naturpark-Zentrum, wo man vor dem Einstieg in die zahlreichen Rundwanderwege gleich beim Tiergehege vorbeikommt und Babyschweinchen, Ponys und Alpakas gestreichelt und gefüttert werden wollen. Futter dafür gibt es praktischerweise direkt vor Ort am Automaten.

Wer sich nicht vom Tiergehege lösen will, bucht am besten eine Lama- oder Alpakawanderung und nimmt die lustig-lieben Tiere mit auf den Spaziergang durch die Wald- und Pflanzenwelt. Der Naturpark Hohe Wand ist nicht nur wegen seiner tierischen Community so ein tolles Ausflugsziel, sondern besticht auch mit seiner unvergleichlichen Lage: Im Süden und Osten liegen sonnenexponierte Steilhänge, während in den Nord- und Westhängen schon die montane Region beginnt. Auf knapp 1.000 Meter Seehöhe bekommt man beim Skywalk einen fantastischen Überblick über das malerische Panorama. Den perfekten Einkehrschwung findest du fast nebenan beim Alpengasthof Post, der mit regionalen Köstlichkeiten und hausgemachten Mehlspeisen die perfekte Stärkung für den Wandertag serviert.

Für Kinder und alle Verspielten gibt es seit Kurzem eine interaktive Erlebniswelt mit verschiedenen Abenteuern, in der Besucher*innen selbst die Schätze der Natur erforschen können, inklusive Steinbock-Kino und Schatzkarte.

Naturpark Hohe Wand

www.naturpark-hohewand.at
Instagram: naturpark.hohewand

Kleine Kanzelstraße 241
2724 Maiersdorf

Öffnungszeiten: täglich

Kalenderberg

Parkplatz: Am Hausberg
2344 Maria Enzersdorf

Länge (Rundweg): 8,5 km
Schwierigkeitsgrad: leicht

Kalenderberg

Der Kalenderberg in Maria Enzersdorf heißt nicht so, weil irgendein gelangweilter Ötzi dort vor 1.000 Jahren seine Nine-to-five-Jägerjob-Termine in den Stein geritzt hat, sondern leitet sich von seiner ursprünglicher Bezeichnung „Kahler Berg" ab.

Und die kommt wiederum davon, dass der Berg aufgrund des Windes und des Viehtriebs lange Zeit völlig verkarstet war. Als Fürst Johann I. von und zu Liechtenstein das Gelände im 19. Jahrhundert kaufte, beschloss er aber, das zu ändern. Er ließ Erde auf den kahlen Hügel bringen, um anschließend zahlreiche Bäume zu pflanzen.

Das Resultat seines ambitionierten Terraforming-Projekts kannst du heute bei einer gemütlichen Wanderung rund um den Kalenderberg noch bestaunen, die dich außerdem an der rund 900 Jahre alten Burg Liechtenstein und weiteren Schauplätzen wie der Pfefferbüchsel, dem Schwarzen Turm und der stilisierten Ruine eines Amphitheaters vorbeiführt. Nicht zu vergessen: die zahlreichen Aussichtsplätze des Erholungsgebiets, die einen wunderbaren Blick über das Wiener Becken und die Stadt Mödling zu bieten haben.

Zur Entspannung nach dem Spaziergang eignet sich besonders die Burgwiese Liechtenstein, auf der man sich auf der Terrasse im habsgut Café die Sonne ins Gesicht scheinen lassen kann, während die Kinder sich auf dem riesigen Spielplatz mit Wasserspiel und Wikingerschaukel austoben.

Wachauer *Marillenweg*

Warum teuer und kompliziert nach Japan zur Kirschblüte fliegen, wenn man auch ganz einfach zwischen März und April in die Wachau fahren kann?

Wenn die Marillenbäume blühen, dann ist die Wachau mit ihrem weißen Blütenmeer vielleicht sogar der zauberhafteste Ort Österreichs. Am allerschönsten kann man dieses Naturschauspiel bei einem entspannten Spaziergang auf dem Marillenweg erleben, bei dem man auch einige wissenswerte und spannende Fakten über die – you guessed it – Marille lernt.

Die Anreise von Wien geht ganz einfach öffentlich mit dem Zug nach Krems und anschließend mit dem Bus zum Weingasthof und Hotel Aufreiter, wo du dir deine Marillenknödel to go für das Picknick unter den weiß-rosa strahlenden Bäumen abholen kannst. Der rund sechs Kilometer lange Rundweg durch die Marillenlandschaft ist ganz leicht für alle Fitnesslevel bewältigbar, auch mit Kinderwagen. Trotzdem sollte man genügend Zeit einrechnen, denn in den Marillengärten verweilt es sich ganz ausgezeichnet und die Zeit vergeht viel schneller als gedacht.

Abschluss des Wanderwegs ist Lillis Marillengarten. Im Pop-up-Bauernhofcafé kannst du noch einmal richtig entspannen und dich im Hofladen mit allerlei Produkten aus der süßesten Frucht der Wachau eindecken – vom Edelbrand bis zum ganzen Genusspaket –, bevor es mit Zug und Bus wieder in die Stadt zurückgeht.

Wachauer Marillenweg

Start: Weinhof Aufreiter
Dorfstraße 34
3506 Krems an der Donau

Abholung Picknick-Rucksack:
täglich 10 – 17 Uhr nach Vorbestellung

Perchtoldsdorfer Heide

www.perchtoldsdorfer-heide.at

Schutzhausstraße 2380
2380 Perchtoldsdorf

Öffnungszeiten: rund um die Uhr
Kammersteinerhütte: MI – SO

Perchtolds-dorfer *Heide*

Manche Wiener*innen verlassen nicht besonders gern ihr Grätzl, der Radius der täglichen Wege beschränkt sich oft nur auf den Gang von der Badewanne bis zum Beisl.

Dabei würde es sich lohnen, einmal in den Straßenbahnen sitzen zu bleiben, um zu entdecken, welche Abenteuer hinter den Endstationen noch so warten. Wir empfehlen deshalb einen Ausflug mit der 60er – auch, weil das die einzige Straßenbahn im 23. Bezirk ist und die einzige Bim, die ein Stück ihrer Strecke in Niederösterreich zurücklegt.

Von der 60er-Endstation Rodaun trennt dich nur mehr ein kurzer Fußweg von der Perchtoldsdorfer Heide, einem geschützten Lebensraum für zahlreiche Pflanzen und Tiere, direkt an der Stadtgrenze. Begrüßt wird man in dem beliebten Naherholungsgebiet von lustigen Zieseln, die gern einmal ihre Köpfe wie ein Grüßaugust aus dem Gras stecken. Ein Tipp für lustig-verspielte Nachmittage: Lass wieder einmal einen Drachen steigen, denn dafür ist die Heide der perfekte Ort. Bei einem Besuch lohnt sich auch der leichte Aufstieg auf die Josefswarte, von wo aus du die Ruinen der Burg Kammerstein besichtigen und anschließend in der Kammersteinerhütte einkehren kannst.

Über den Salzstanglspitz und die Höhenstraße wanderst du sogar bis nach Gießhübl. Beim Parkplatz Kuhheide stärkt dich dort die urige Hütte „Genuss verliebt“ im ebenso urigen Gastgarten mit Blick auf grasende Schafe und grüne Weiten. Unbedingt probieren: die saftigen Spareribs direkt aus dem Holzofen.

Naturpark *Wüste* Mannersdorf

Österreich hat eine Wüste. Das ist keine dystopische Zukunftsprognose aufgrund der Klimakrise, sondern eine ungenaue Übersetzung: Der Name der Wüste Mannersdorf am Leithagebirge kommt nämlich eigentlich vom griechischen „eremos“, was so viel wie Einsiedelei bedeutet und sich auf die Abgeschiedenheit des damals bestehenden Karmeliterklosters bezog.

In Wahrheit findest du in diesem Naturpark also keine orange-nebelige Dune-Ästhetik, dafür aber üppiges Grün und herrliche Wanderungen durch Natur, Geschichte und Kultur. Vom Ausgangspunkt bei der Arbachmühle spazierst du zum Beispiel zur Burgruine Scharfeneck, die langsam, aber stetig von der Natur wieder überwachsen wird. Viel Gebäude gibt's hier nicht mehr zu sehen, dafür aber umso mehr Ausblick. Wer immer schon mit einem römischen Kaiser spazieren wollte kann das auf dem „Wege zur Weisheit“-Themenpfad machen, der Gedanken und Zitate von Marc Aurel bereithält. Wenn das nach zu viel Latein klingt, kannst du dich stattdessen auch mit dem Mountainbike auf einem der Trails austoben.

Abschluss ist jedenfalls wieder am Parkplatz neben der Arbachmühle, wo du dir beim Eismacher Mannersdorf am besten noch eine Kugel oder zwei genehmigst. Und wenn du voller Zufriedenheit dein wohlverdientes Vanilleeis schleckst, dann denk daran, was für ein köstlicher Schatz es ist, zu leben, zu atmen und sich freuen zu können. So irgendwie hat es nämlich Marc Aurel gesagt – und der muss es ja schließlich wissen.

Naturpark Wüste Mannersdorf

www.naturpark-wueste-mannersdorf.at

Parkplatz: Arbachmühle 275
2452 Mannersdorf am Leithagebirge

Öffnungszeiten: rund um die Uhr

Naturpark Sparbach

www.naturpark-sparbach.at

Sparbach 6
2393 Sparbach

Öffnungszeiten:
März – November: täglich

Naturpark Sparbach

Wenn man in den Wienerwald geht, kann man im Anschluss die tollsten Geschichten erzählen.

Zum Beispiel darüber, wie Natur nie ganz natürlich ist, sondern immer auch vom Menschen beeinflusst und gestaltet wird. Ein paradigmatisches Beispiel dafür ist der Sparbacher Naturpark, der älteste Naturpark Österreichs, dessen Gartenanlagen die Epoche der Biedermeierzeit in Wien reflektieren. Die prachtvoll angelegten Wiesen, der Triumphbogen auf der Dianawiese und die Köhlerhausruine sind die Spuren einer Zeit, in der man sich ästhetisch vom Stil des Barocks löste und sich am englischen Landschaftsgarten orientierte.

Dieses Gefühl stellt sich auch heute noch ein, wenn man auf dem Biedermeier Wanderweg durch die Geschichte flaniert und dort die teilweise über 200 Jahre alten Baumriesen bewundert.

Unter einigen davon erwarten dich gemütliche Holzliegen, auf denen du vorzüglich rasten und dich dabei fragen kannst, woher der Weltschmerz der romantischen Lyriker eigentlich kam, wenn sie so schöne Wiesen und Bäume direkt vor der Haustüre hatten. Der Sparbacher Naturpark bietet aber nicht nur Geschichte und große Bäume, er ist auch bekannt für seine frei laufenden Wildschweine, die sich immer wieder einmal bei einem Spaziergang blicken lassen.

Alle fünf Wanderrouten durch den Naturpark beginnen beim Besucherzentrum, wo du dir biedermeierlich gediegen auch eine Semmel mit Kabanossi für die adäquate körperliche Stärkung in den Rucksack packen lassen kannst.

Hagenbachklamm

Wenn man mitten in das Herz des Wienerwaldes vordringen möchte, dann ist die verwunschene Hagenbachklamm ein ideales Ausflugsziel, wunderschön gelegen im Natur- und Erlebnispark Eichenhain zwischen Klosterneuburg und St. Andrä-Wördern.

Anreisen kannst du von Wien aus ganz einfach öffentlich mit der S40 bis zum Bahnhof St. Andrä-Wördern und spazierst von dort zum Einstiegspunkt, der sich ein bisschen außerhalb des Ortes St. Andrä vor dem Hagenthale befindet. Auf dem Weg durch die Klamm wanderst du den Hagenbach entlang, den du immer wieder auf zahlreichen Brücken überquerst, die diesen Spaziergang so mystisch verzaubert anmuten lassen.

Vor allem in den Sommermonaten, wenn die Sonne mit voller Wucht auf die Erde prallt, lohnt sich ein Besuch in der Hagenbachklamm – dann sorgen die alten und dementsprechend hohen Bäume für ausreichend Schatten und angenehme Kühle. Der rund dreieinhalb Kilometer lange Spaziergang führt bis nach Unterkirchbach, dem Zentrum des Naturparks Eichenhain. Dort, am Ende der Klamm, befindet sich ein großer Kinderspielplatz und die größte private Greifvogelzuchtstation Europas.

Insgesamt knapp 300 Exemplare von 30 verschiedenen Arten kannst du während der Öffnungszeiten am Wochenende kennenlernen, darunter so exotische wie der australische Keilschwanzadler und der Wüstenbussard. Bei einer Führung erfährt man besonders spannende Informationen über das Leben der Vögel in der Natur.

Hagenbachklamm

3423 St. Andrä-Wördern

Länge Rundwanderweg: 3,4 km
Schwierigkeit: leicht

Heiliger Stein in Mitterretzbach

Mitterretzbach 305/1
2070 Mitterretzbach

Weinschenke:
Mai – September: FR – SA

Heiliger Stein in Mitterretzbach

Wenn man sich von Wien bis in den fast nördlichsten Norden des Weinviertels traut, kommt man irgendwann in der Ortschaft Mitterretzbach an und steht plötzlich vor den Resten von Kirchenmauern.

Na toll, könnte man sich denken, und was mache ich hier jetzt? Am besten, du verschaffst dir auf dem modernen Steg einen Rundumblick über diese Reste, die in Zusammenarbeit mit den Bewohner*innen der Region saniert wurden, und genießt nebenbei die fantastische Aussicht auf die umliegende Region bis in den böhmischen Raum.

Vom Steg hast du auch einen guten Blick auf einen mindestens 50.000 Jahre alten Schalenstein, der dem Totenkult zugeschrieben wird und wohl als Kultstein, Heilbringer und bei Fruchtbarkeitsritualen gedient hat. Das vom Stein herausgeriebene Steinpulver wurde in Wasser aufgelöst und man sagte ihm eine heilende Wirkung nach – das klingt in etwa so wie das Aspirin C des vorigen Jahrtausends. Auch keine schlechte Karriere für einen Stein.

Hier in Mitterretzbach treffen also auf recht kleiner Fläche viele Jahrhunderte, Bräuche und Religionen aufeinander.
In dieser illustren Gesellschaft lohnt sich ein längeres Verweilen allemal. Ausgesprochen gut klappt das an einem sommerlich heißen Wochenende. Da sperrt nämlich die Weinschenke zum Heiligen Stein am Nachmittag auf und versorgt dich mit kühlen Getränken und lokalen Leckerbissen.

Stopfenreuther Au

Warum im Freibad aufgefädelt wie Sardinen liegen, wenn man auch in der Wildnis baden kann?

Eine der schönsten Gegenden, um genau das zu tun, ist der Nationalpark Donau-Auen, und ganz besonders die Stopfenreuther Au bei Hainburg. Dass die Stopfenreuther Au heute so ein herrlich-natürlicher Erholungsort ist, war nicht immer so sicher, die Geschichte dieses Ortes hätte auch ganz anders ausgehen können: Wenn hier im Jahr 1984 nicht Tausende Menschen gegen das geplante Donaukraftwerk demonstriert und die Au besetzt hätten, dann wäre dieses kostbare Naturjuwel längst unwiederbringlich zerstört.

Durch den Protest wurde das Gebiet aber geschützt und ist heute auch Lebensraum der Europäischen Sumpfschildkröte, die sich im Frühling auf dem treibenden Totholz sonnt, während Auen-WG-Kollegen Eisvogel und Biber Fische fangen und Dämme bauen. Wenn man also einen Sommertag am Naturstrand der Bucht verbringt oder die kurzweilige Stopfenreuther Donaurunde entlangspaziert dann darf man ruhig einmal kurz dankbar sein und sich besonders freuen über alle Weiden und Pappeln, die sich in diesem wunderbaren Wasser- und Auenland in Hainburg an der Donau räkeln.

Ganz wichtig im Sommer: Gelsenschutz einpacken, damit man nicht genau an diesem geschichtsträchtigen Ort beginnt, Tiere zu verteufeln, egal wie klein sie auch sein mögen.

Stopfenreuther Au

Parkplatz: Uferstraße 10
2292 Stopfenreuth

Länge Rundweg: 5-14 km
Schwierigkeit: leicht

Pionierinsel Klosterneuburg

Magdeburgbrücke
3400 Klosterneuburg

Öffnungszeiten: rund um die Uhr

Pionierinsel Klosterneuburg

Wenn es einen Ort gibt, der den Begriff Naherholungsgebiet verdient, dann ist das die Pionierinsel Klosterneuburg.

Die kleine vorgelagerte Insel liegt im Sonnenbereich des Speckgürtels, zwischen Kuchelau und Klosterneuburg, und eignet sich daher perfekt für einen ausgiebigen Badetag.

Besonders toll für Hundebesitzer*innen: Die Insel ist im Sommer ein Paradies für unsere Fellfreunde, weil sie wunderbar herumtollen und an vielen Stränden auch ins Wasser hüpfen dürfen. Lange (Gassi-) Spaziergänge und Hundstage an den Badestränden, die zum Großteil aus Kieselsteinen bestehen: Auf der Pionierinsel werden sowohl Zweibeiner als auch Vierbeiner glücklich. Einer der beliebtesten Strände soll sogar auf den Namen „Little Rimini" getauft worden sein. Für einen Kurztrip nach Italien muss man also nicht mit dem Auto Richtung Süden, es reicht, in Wien auf den Drahtesel zu steigen und etwas nördlich der Donau entlangzureiten, bis man über die Magdeburgbrücke auf die Pionierinsel queren kann. Wenn man die rund drei Kilometer bis zum Ende zurückgelegt hat, kommt man bei der Donaustub'n an, die das perfekte Menü für einen Badetag serviert.

Und wer sich wirklich wie ein*e Pionier*in fühlen möchte, kann auf der Suche nach unberührten Buchten für den perfekten Badeplatz durch das Dickicht tigern.

Zeit zum *Abhaken!*

○	1. Wiener Wasserleitungsweg	FAZIT ☆ ☆ ☆ ☆ ☆	NOCHMAL? JA ○ NEIN ○
○	Naturpark Hohe Wand	FAZIT ☆ ☆ ☆ ☆ ☆	NOCHMAL? JA ○ NEIN ○
○	Kalenderberg	FAZIT ☆ ☆ ☆ ☆ ☆	NOCHMAL? JA ○ NEIN ○
○	Wachauer Marillenweg	FAZIT ☆ ☆ ☆ ☆ ☆	NOCHMAL? JA ○ NEIN ○
○	Perchtoldsdorfer Heide	FAZIT ☆ ☆ ☆ ☆ ☆	NOCHMAL? JA ○ NEIN ○
○	Naturpark Wüste Mannersdorf	FAZIT ☆ ☆ ☆ ☆ ☆	NOCHMAL? JA ○ NEIN ○
○	Naturpark Sparbach	FAZIT ☆ ☆ ☆ ☆ ☆	NOCHMAL? JA ○ NEIN ○
○	Hagenbachklamm	FAZIT ☆ ☆ ☆ ☆ ☆	NOCHMAL? JA ○ NEIN ○
○	Heiliger Stein in Mitterretzbach	FAZIT ☆ ☆ ☆ ☆ ☆	NOCHMAL? JA ○ NEIN ○
○	Stopfenreuther Au	FAZIT ☆ ☆ ☆ ☆ ☆	NOCHMAL? JA ○ NEIN ○
○	Pionierinsel Klosterneuburg	FAZIT ☆ ☆ ☆ ☆ ☆	NOCHMAL? JA ○ NEIN ○

Zeit zum *Abhaken!*

Du bist unter die jungen Wilden gegangen und kannst gar nicht genug bekommen von Stöcken, Steinen, Farnen und Feldern? Hast du ein Glück, dass Österreich aus fast 48 % Wald besteht. In diesem findest du noch viel mehr wunderreiche Wanderwege, idyllische Glitzerseen, Aussichtspunkte und Flauschgetier, das wir dir natürlich nicht vorenthalten wollen.

Themenwanderwege

- ◯ Planetenwanderweg im Mühlviertel
- ◯ Themenweg Wilde Wasser in Schladming
- ◯ Mühlenwanderweg in Ebenau
- ◯ Weinweg Langenlois
- ◯ Grenzerfahrungsweg Bildein in Oberwart

Klettersteige

- ◯ Peilstein-Klettersteig im Wienerwald
- ◯ Sophie-Klettersteig auf dem Loser
- ◯ Seewand-Klettersteig beim Zauchensee
- ◯ Murmelsteig-Klettersteig im Sonntagstal
- ◯ Mödlinger Klettersteig

Tiergärten

- ◯ Tierwelt Herberstein in der Steiermark
- ◯ Abenteuer Affenberg in Kärnten
- ◯ Gut Aiderbichl in Niederösterreich
- ◯ Wildpark Hochrieß in Niederösterreich
- ◯ Cumberland Wildpark in Oberösterreich

Aussichts-punkte

- ◯ Karren-Kante in Dornbirn
- ◯ Treppe ins Nichts am Dachstein
- ◯ Skywalk Hohe Wand
- ◯ 5Fingers am Krippenstein
- ◯ Pyramidenkogel am Wörthersee

Seen

- ◯ Erlaufsee in Niederösterreich & Steiermark
- ◯ Lunzer See in Niederösterreich
- ◯ Almsee in Oberösterreich
- ◯ Grüner See in der Steiermark
- ◯ Ottensteiner Stausee in Niederösterreich

Eingang

KAPITEL 3

Ausflüge für den *Gusto*

Es soll ja Menschen geben, die monatelang im Voraus reservieren und um die ganze Welt fliegen, um sich genau die Restaurants zu geben, die ihnen der kulinarische Reiseführer vom weißen Reifenmännchen empfiehlt. Keine Angst, so weit schicken wir dich natürlich nicht – warum auch?

Wir servieren dir lieber eine Liste von köstlich-kulinarischen Ausflugszielen, die ganz leicht von Wien aus zu erreichen sind und nicht weniger großartig schmecken. Denn auch in Niederösterreich und im Burgenland hört die Speisekarte nicht nach Gulasch und Marillenknödel auf. Freu dich auf ein vielseitiges Angebot, das die Bandbreite vom Heurigen bis zur Spitzengastronomie ganz locker abdeckt.

In diesem Kapitel dreht sich also alles um die schönste Hauptsache der Welt. Egal ob du zu den feinsten Foodies gehörst, die sich wieder einmal so richtig elegant zwölf Gänge zwischen die Kiemen schieben wollen, oder du dich in den*die Hauptprotagonist*in eines Wienerlieds verwandelst und in den Kellergassen der Weinorte versumpern willst, bis Zeit nur noch in Vierteln gemessen wird: Hier sind elf essenzielle Essensvorschläge, die dich von den knorrigen Weinreben bis ins Landgasthaus, von der feinen Küche Frankreichs voll Savoir-vivre bis zur unnachahmbaren griechischen Gemütlichkeit führen.

Und sollte doch noch Zeit, Platz und Gusto überbleiben, dann steht selbstverständlich auch dem guten, alten hausgemachten Marillenknödel von Tante Emma und Onkel Seppl nichts im Weg. Wir wünschen Mahlzeit und bon voyage!

Heurigen-Restaurant Reisenhofer

www.heurigenreisenhofer.at
Instagram: heurigenreisenhofer

Wienerstraße 20
2352 Gumpoldskirchen

Öffnungszeiten: SA – MI

Heurigen-Restaurant *Reisenhofer*

Warum immer im Schanigarten abhängen, wenn schon so kurz hinter den Toren Wiens zahlreiche schöne Gastgärten nur auf deinen Besuch warten? Kaum ein Ort eignet sich besser für eine ausgeprägte Gastgarten-Rallye als Gumpoldskirchen, der vermutlich bekannteste Weinort im Bezirk Mödling.

Einer der lauschigsten Plätze zum Verweilen in Gumpoldskirchen ist dabei der Heurige Reisenhofer. Der Familienbetrieb, der schon seit mehreren Generationen mit liebevoller Sorgfalt und einladender Gastfreundschaft weitergeführt wird, serviert klassische warme und kalte Heurigenschmankerl und eine großzügige Auswahl an vegetarischen Speisen. Geheimtipp für Romantiker*innen: den Besuch mit dem Sonnenuntergang synchronisieren.

Denn wenn die Dämmerung eintritt, wird der ohnehin schon wunderschöne Gastgarten durch Lämpchen beleuchtet und sorgt für magische Stimmung, die man so nur beim Heurigen findet. Das Zusammenspiel aus dem malerisch weichen Licht der untergehenden Sonne mit einem Tropfen herrlichen Weins aus der breit gefächerten Menükarte ist so ziemlich eines der schönsten Dinge, die man an einem Sommerabend erleben kann.

Wenn dir ein Wein besonders schmeckt, hast du die Möglichkeit, ihn aus der hauseigenen Vinothek einfach mit nach Hause zu nehmen, um beim nächsten Sehnsuchtsgefühl nach Gumpoldskirchen nur mehr entkorken zu müssen.

Hofmeisterei *Hirtzberger*

Fürst im 19. Jahrhundert müsste man gewesen sein. Bis dahin war es nämlich üblich, dass ein Fürst einen Hofmeister hatte, der sich um die Hauswirtschaft kümmerte.

Auch wenn es das Amt heute in der Form nicht mehr gibt: Fürstlich speisen kann man in der Hofmeisterei Hirtzberger in Wösendorf in der Wachau nach wie vor. In einem wunderschönen frühgotischen Gebäude mit barockem Prunk werden in entspanntem Ambiente naturbelassene regionale Gerichte serviert, grandios gut gekocht von Küchenchef Erwin Windhaber. Drei Hauben vom Gault Millau zeigen ziemlich eindeutig, dass Landgasthofküche keineswegs langweilig sein muss. Da muss man auch nicht ins Englische wechseln und die gehobene Küche als Fine Dining bezeichnen – manchmal reicht ein ehrliches „Bist du deppert, ist das gut!“ Von der geschmacklichen Vielfalt überzeugen kann man sich am besten mit dem Hofmeister-Menü, wahlweise in vier bis sieben Gängen. Neben den fantastischen Weinen aus der Produktion der Familie Hirtzberger, die seit mehr als fünf Generationen im Weinbau tätig ist, gibt es auch noch eine über 1.500 Tropfen starke Weinkarte.

Und weil Wösendorf auch so schön an der Donau liegt, solltest du bei Gelegenheit unbedingt auch das Drei-Hauben-Picknick probieren. Denn was könnte es Schöneres geben als einen prall gefüllten Rucksack mit Köstlichkeiten, Wein und einer Karte mit Wanderungen durch die Weingärten der Hirtzbergers?

Hofmeisterei Hirtzberger

www.hofmeisterei.com
Instagram: diehofmeister

Hauptstraße 74
3610 Wösendorf in der Wachau

Öffnungszeiten: DO – MO

Kellergasse Purbach

Am Kellerplatz 1
7083 Purbach am Neusiedler See

Länge Wanderweg
Breitenbrunn – Purbach: 12 km
Schwierigkeit: leicht

Kellergasse Purbach

Kellergassen gibt es in den Weinregionen Österreichs so einige, die Kellergasse Purbach ist dennoch ziemlich einzigartig.

Mitte des 19. Jahrhunderts bauten die damaligen Winzer in den Südhängen des Leithagebirges ihre Weinkeller. Das Material dafür lieferte der Leithaberg und allein für die Ästhetik der historischen Kalksteingewölbe lohnt sich ein Ausflug ins Burgenland in die Nähe des Neusiedler Sees. Insgesamt knapp 50 Keller reihen sich heute aneinander und bilden zusammen einen der schönsten Plätze im Zentrum von Purbach.

Aber die Kellergasse ist natürlich nicht nur schön anzusehen: In den Kellern, in denen früher Weintrauben gepresst wurden, haben sich längst zahlreiche Heurigenlokale angesiedelt, die ihren vorzüglichen Wein zum Gustieren anbieten. Deinen Verkostungsausflug kannst du auch hervorragend mit einem ausgedehnten Spaziergang von Breitenbrunn aus verbinden. Ausgehend vom Bahnhof Breitenbrunn spaziert man knappe zwölf Kilometer von einem Weinort in den nächsten, immer auf den Muschelkalk- und Schieferböden am Fuße des Leithaberges.

Dabei kommt man an den mit Gras überwucherten Erdkellern von Breitenbrunn vorbei und hat schon genügend Möglichkeiten zur Rast und Einkehr, stiefelt direkt durch die Weinberge, die im Herbst in ihrem bunten Blätterkleid fast schon kitschig schön sind, bis man ankommt bei den Kalkkellern Purbachs und sich weiter treiben lassen kann, von Tropfen zu Tropfen und von Schmalzbrot zu Schmalzbrot.

taubenkobel

Restaurantkritiken sind ein schwieriges Genre, weil Geschmack eine derart persönliche Angelegenheit ist.

Auf die Frage, was ein Essen wirklich gut macht, gibt es vermutlich genauso viele Antworten wie es Gewürze gibt. Wenn jemand Gault-Millau-Koch des Jahres wird, dann kann man aber ziemlich objektiv sagen: Der muss schon ziemlich fantastisches Essen zaubern.

Alain Weissgerber, Küchenchef im taubenkobel, darf sich über diese Auszeichnung freuen, und wie wir finden: absolut zurecht. In Schützen am Gebirge im Burgenland erwartet dich eine erstklassige kulinarische Reise durch die Küche der Kronländer, die du entweder à la carte oder durch verschiedene Menüs kennenlernen kannst, natürlich in zahlreichen Gängen und mit Grüßen aus der Küche. Nebenan gibt es auch noch die Greißlerei, die regionale pannonische Küche mit französischer Haute Cuisine fusioniert.

Hier trifft die Wiener Weinbergschnecke auf Austern und die Krautsuppe auf Bouillabaisse. Und alles, was man dazu sagen kann, ist: Sacré bleu, funktioniert das gut!

Wenn nach zahlreichen Gängen der Gang zurück nach Wien plötzlich unüberwindbar scheint, dann bleibt man am besten einfach dort, in einem der wunderschön designten Zimmer. Spätestens dort wird klar: Der taubenkobel ist wirklich ein Gesamtkunstwerk, das Kulinarik, Gastfreundschaft und Stil perfekt miteinander verbindet.

taubenkobel

www.taubenkobel.com
Instagram: taubenkobel.austria

Hauptstraße 27/33
7081 Schützen am Gebirge

Öffnungszeiten: DO – SO

Griechische Taverne am Sachsengang

www.taverne-amsachsengang.at

Schloßhofer Straße 62
2301 Groß-Enzersdorf

Öffnungszeiten: täglich

Griechische Taverne am Sachsengang

Meer, Sandstrand, Sonnenstrahlen: alles schön und gut, das gibt es an vielen Orten auf der Welt.

Aber warum es so viele Menschen jedes Jahr im Urlaub immer wieder nach Griechenland zieht, liegt allem voran an der unvergleichlichen griechischen Gastfreundschaft und Tavernenkultur.

Erst wenn sich Teller über Teller auf dem Tisch stapeln und Olivenöl und Ouzo in Strömen fließen, versteht man, wieso griechisches Flair so verdammt anziehend ist. Die schönste Nachricht lautet also: Von Wien aus muss man für dieses Erlebnis nicht einmal ins Flugzeug steigen, denn die Taverne am Sachsengang importiert authentische Griechenland-Vibes direkt nach Niederösterreich. Mit ihrem rustikalen Interieur und der wunderschön über dem Wasser des Donau-Oder-Kanals liegenden Terrasse kann man für ein paar Stunden vergessen, dass man hier nicht wirklich in Griechenland sondern in Groß-Enzersdorf ist.

Näher kann man der Ägäis ohne Pauschalreise wirklich nicht kommen, das ist ab dem ersten Bissen Tzatziki völlig klar. Fisch und Oktopus vom Grill und eine riesige Auswahl an Vorspeisen sorgen für die restlose Bestätigung: Dieser Familienbetrieb weiß, wie man Griechenlandfans glücklich macht.

Für den perfekten Urlaubstag empfehlen wir eine Radtour mit Badestopp an der Donau, einmal die ganze Vorspeisenkarte zum Teilen und zum Runterspülen ein Schluckerl Retsina. Jámas!

Franz von Grün

Hast du auch insgeheim schon immer davon geträumt, eine*n Freund*in mit traumhaftem Haus in den Weingärten zu finden?

Dann hast du in Arbesthal in der Nähe von Wien endlich gefunden, was du schon so lange suchst. Dürfen wir vorstellen: Franz von Grün. Im schicken skandinavischen Design hat der Franz alles, was man für ein vernünftiges Sommerfest braucht, vom Aperitif inmitten der Reben bis zum Dancefloor im Riesentipi, einem Ziegelgewölbe im Weinkeller und einem wunderschönen Dachboden.

Jeder Bereich hat sein ganz eigenes Flair und verbindet sich mit der umliegenden Natur zu einem Ort, an dem man überhaupt keinen Instagram-Filter mehr braucht. Es ist also alles andere als ein Wunder, dass Hochzeitsfeiern hier Hochkonjunktur haben. Aber man muss nicht gleich den Bund der Ehe schließen, es reicht auch, wenn man den Hosenbund lockert und am Sonntag einfach einmal zum Essen vorbeikommt, um den kulinarischen Franz kennenzulernen. Das fühlt sich nämlich auch nicht wie ein klassischer Brunch an, sondern wie wenn du spontan einen (Kater-)Tag in der Wohnung des besten Freundes verbringst, der glücklicherweise früher als man selbst aufgestanden ist, um frisches Brot zu backen. Auch nicht schlecht.

Regionale Köstlichkeiten, kleine Häppchen und herrliche Drinks sorgen für den entspanntesten Sonntag, den man sich vorstellen kann.

Franz von Grün

www.franzvongruen.at
Instagram: franz_von_gruen

In der Kellergasse 71
2464 Arbesthal

Öffnungszeiten: je nach Veranstaltung

Haslauerhof

www.haslauerhof.at
Instagram: landgasthof_haslauerhof

Hauptstraße 17
2402 Haslau an der Donau

Öffnungszeiten: DO – SO

Haslauerhof

Es gibt viele Gründe, um dem Nationalpark Donau-Auen einen Besuch abzustatten: die herrliche Natur und das entspannende Fließen des Wassers zum Beispiel.

Ein weiteres To-do auf der imaginierten Donau-Auen-Bucketlist sollte aber definitiv auch der Haslauerhof sein, ein familiengeführter Landgasthof, der seit über 30 Jahren regionale Köstlichkeiten serviert. Von diesem Gasthaus in Maria Ellend hast du einen herrlichen Panoramablick bis ins Marchfeld, der besonders im Sommer auf der Donauterrasse seine volle Pracht entfaltet und die perfekte visuelle Begleitung zu der ausgezeichneten Wirtshausküche ist.

Kulinarisch werden Klassiker neu interpretiert und zu herrlichen Menüs zusammengesetzt, die du wahlweise in drei bis fünf Gängen genießen kannst. Wenn man hier schlemmt und schlürft, fragt man sich schnell einmal, warum man eigentlich für Aperol Spritz und Pasta nach Italien fährt, wenn der Genuss doch so nahe liegt – mediterranes Lebensgefühl inklusive. Im Winter wird es aber auch im Innenbereich mit Holzofen und Schauküche lauschig-warm und herzhaft-geschmackvoll.

Um mit ordentlich Hunger zu kommen, lohnt sich ein Spaziergang auf den Orther Inseln, bevor man mit der Fähre nach Haslau übersetzt und ganz einfach hinaufspaziert in den Haslauerhof, der erhaben über der Region thront.

Danach schmecken Gerichte wie die geflämmte Lachsforelle mit Gewürzayran oder der Carnuntiner Buchweizen im Strudelblatt mit Burrata, Senfkaviar und Sriracha sogar noch besser.

Der Floh

Ist es ein Restaurant, ein Podcast, ein Greißler? So ganz genau kann man das im Gasthaus Der Floh nicht trennen – und das ist auch gut so, denn der Floh macht alle Dinge gleichzeitig und er macht sie alle mit Liebe und viel Hingabe.

Am besten trifft es vermutlich einfach das Wort: Gasthaus. In Langenlebarn in Niederösterreich fühlt man sich als Gast so wohl, dass man nie wieder weg möchte. Vor allem, wenn man die fantastische Küche von Josef Floh probiert hat, die nach dem Radius 66 funktioniert. Das heißt: Alle Betriebe, die den Floh beliefern, befinden sich in einem Umkreis von 66 Kilometern. Je nachdem, was gerade Saison hat, wechselt also auch die Speisekarte.

Fantastisch schmeckt es aber immer, sowohl im Weinglas als auch auf dem Teller. Gekocht und gearbeitet wird hier immer mit Respekt: vor den Partner*innenbetrieben, den Mitarbeiter*innen, der Natur. In den Sommermonaten bespielt der Floh auch sein Donaugartl und serviert Burger und Backhendl direkt am Donauufer. Du kannst Bento-Picknick-Boxen zum Abholen vorbestellen und am Wochenende aus ausufernden Frühstücksmenüs wählen.

Und wer hören möchte, was den Küchenchef inspiriert, kann das bei der entspannten Anfahrt mit der S40 tun, bei der sich ziemlich genau eine Podcast-Episode vom Floh ausgeht, bis man ankommt am Bahnhof Langenlebarn und nur mehr ein paar Schritte vom Genuss dieser kulinarisch-regionalen Wunderwelt entfernt ist. Hier wird Nachhaltigkeit gelebt, und das lohnt sich – für alle.

Der Floh

www.derfloh.at
Instagram: gastwirtschaftfloh

Tullner Straße 1
3425 Langenlebarn

Öffnungszeiten: DO – MO

Landgasthaus Stockerwirt

www.stockerwirt.com
Instagram: stockerwirt

Rohrberg 36
2392 Sulz im Wienerwald

Öffnungszeiten: MI – SO

Landgasthaus *Stockerwirt*

Neben dem Mödlinger Wildbach in der Ortschaft Sulz im Wienerwald liegt das Landgasthaus Stockerwirt, das mit Leichtigkeit den Spagat zwischen traditioneller Wirtshausküche und moderninspirierten Köstlichkeiten schafft.

Die regional inspirierte und reichhaltige Speisekarte überzeugt vor allem auch durch die großzügige Auswahl an Gerichten für vegetarische Genießer*innen, die mit der gleichen Kreativität komponiert sind wie die Küchenklassiker. Beim Stockerwirt nimmt aber auch der Wein eine zentrale Rolle ein, wie die über 2.700 Weine starke Menükarte beweist.

Die hauseigene Weinwerkstatt ist so etwas wie das Nirvana für Weinkennenlerner*innen: Hier finden bis zu 16 Vino-Aficionados Platz, um ungestört in die wunderbare Welt der vergorenen Trauben einzutauchen, kulinarisch begleitet von einem speziellen Menü. Nachhaltige und hochwertige Materialien machen diesen Raum zu einem ganz speziellen Ort für besondere Feste und Feiern. Sobald die ersten Sonnenstrahlen auf Sulz scheinen, lässt es sich auch auf der weitläufigen Terrasse umgeben von Natur und unter Bäumen herrlich schlemmen.

Unser Geheimtipp: Am besten stattest du dem Stockerwirt unter der Woche einen Besuch ab. Da gibt es zur Mittagszeit das „Stockerwirt Light"-Menü, bei dem du für schlappe 28 Euro drei Gänge verspeisen kannst. Und wenn du dich danach dann gar nicht so light, sondern eher komplett voll und glücklich fühlst, eignet sich der umliegende Wienerwald perfekt für einen Verdauungsspaziergang in der ruhigen Natur.

Stodlschenke

Wir befinden uns in Nickelsdorf, einer kleinen Gemeinde an der österreichisch-ungarischen Grenze, die hauptsächlich wegen des jährlich stattfindenden Nova-Rock-Festivals vielen Österreicher*innen ein Begriff ist.

Genauer gesagt befinden wir uns in einem urigen Stadl in Nickelsdorf – von außen betrachtet ein klassisches burgenländisches Heurigenlokal, wo die Viertelgläser auf die Tische gehören wie das Sodawasser in den Gemischten Satz.

Erst wenn man einen Blick in die Speisekarte der Stodschenke wirft, wird klar, dass das hier ein besonderer Heurigen ist: Geführt wird das Lokal nämlich von einem Brüderpaar aus Syrien und dementsprechend gibt es hier neben klassisch deftigen Heurigenschmankerln auch Speisen aus der syrischen Küche. In der Stodlschenke dürfen Schweinsbraten und Couscous koexistieren, was nicht nur ein wunderschönes Beispiel für kulinarischen Kulturkontakt ist, sondern auch die vegetarischen und veganen Besucher*innen freut – und vor allem richtig gut schmeckt.

Von Donnerstag bis Sonntag servieren Luai und Ali Alhussein mit ihrem internationalen Kellner*innen-Team typische heimische Köstlichkeiten und orientalische Spezialitäten. Ali ist der kreative Kopf der beiden, ein gelernter Koch, der seine Fähigkeiten schon im Hilton unter Beweis stellen durfte. Luai triffst du dafür im Service an, wo er öfter mithilft, wenn er nicht gerade Bestellungen abwickelt oder andere Hintergrundtätigkeiten erledigt. Vieles ist hier hausgemacht, die Zutaten sind nach Möglichkeit bio und aus der Region. Alles zusammen ergibt eine perfekte, vielfältige Kombination – denn wenn man Wein sagt, ist es bis zu den gefüllten Weinblättern ja auch nicht mehr weit.

Stodlschenke

Instagram: stodlschenke

Urbarialgasse 29
2425 Nickelsdorf

Öffnungszeiten: DO – MO

Waldschenke Staar

www.waldschenke-staar.jimdofree.com

Hainbuch 1
3001 Mauerbach

Öffnungszeiten: MI – SO

Waldschenke *Staar*

Wer gern in einer Gaststube mit langer Geschichte sitzt, während man ein Hendl verspeist, das über offenem Buchenholzfeuer gegrillt wurde, dem sei die Waldschenke Staar ans Herz gelegt.

Bis ins 17. Jahrhundert lässt sich die Geschichte des Hauses zurückverfolgen und bereits seit über 170 Jahren ist es im Besitz der Familie Staar. In ihrer derzeitigen Form existiert die Waldschenke schon seit 1967, wie der Torbogen beim Eintritt verrät. Während dieser langen Zeit der Bewirtschaftung begrüßte man auch schon so einige Berühmtheiten – sogar die Frau von Ex-Präsident Jimmy Carter war hier in Mauerbach auf Besuch.

Offenbar kann also nicht einmal ein President's Dinner mit dem rustikalen Charme einer Speck(-Gürtel)-Jause mithalten. Die Waldschenke Staar ist aber nicht nur für Hendlenthusiast*innen empfehlenswert. Hier stehen generell saisonale und regionale Gerichte mit Fleisch aus artgerechter Tierhaltung auf dem Speiseplan und auch für das leibliche Wohl von Vegetarier*innen ist gesorgt.

Genießen kannst du die Speisen entweder in der Stube oder im Gastgarten unter dem Schatten der mächtigen Bäume. Wer sich traut, schaut zum Abschluss bei Gigis Hexenkuchl vorbei, wo es Schnäpse, Marmeladen und Liköre zum Mitnehmen für die Daheimgebliebenen gibt.

Und wer sich trauen will, kann das auch tun: In der angrenzenden Europakapelle können Hochzeiten, Taufen und Segnungen gefeiert werden.

Zeit zum *Abhaken!*

○	**Heurigen-Restaurant Reisenhofer**	FAZIT ☆☆☆☆☆	NOCHMAL? JA ○ NEIN ○
○	**Hofmeisterei Hirtzberger**	FAZIT ☆☆☆☆☆	NOCHMAL? JA ○ NEIN ○
○	**Kellergasse Purbach**	FAZIT ☆☆☆☆☆	NOCHMAL? JA ○ NEIN ○
○	**taubenkobel**	FAZIT ☆☆☆☆☆	NOCHMAL? JA ○ NEIN ○
○	**Griechische Taverne am Sachsengang**	FAZIT ☆☆☆☆☆	NOCHMAL? JA ○ NEIN ○
○	**Franz von Grün**	FAZIT ☆☆☆☆☆	NOCHMAL? JA ○ NEIN ○
○	**Haslauerhof**	FAZIT ☆☆☆☆☆	NOCHMAL? JA ○ NEIN ○
○	**Der Floh**	FAZIT ☆☆☆☆☆	NOCHMAL? JA ○ NEIN ○
○	**Landgasthaus Stockerwirt**	FAZIT ☆☆☆☆☆	NOCHMAL? JA ○ NEIN ○
○	**Stodlschenke**	FAZIT ☆☆☆☆☆	NOCHMAL? JA ○ NEIN ○
○	**Waldschenke Staar**	FAZIT ☆☆☆☆☆	NOCHMAL? JA ○ NEIN ○

Zeit zum *Abhaken!*

Wenn es dich wie uns schon nach dem nächsten Sturm drängt, die Menüs nie genug Gänge haben können und Genussfeste jedes Mal aufs Neue eine Vorfreude wie vor der weihnachtlichen Bescherung auslösen, dann haben wir hier genau das Richtige für dich: noch mehr handverlesene Schlemmerei-Empfehlungen!

Genusswanderungen

- ○ Schlemmerwanderung Quelltuff Lingenau
- ○ Pramtaler Knödelweg
- ○ Bergkräuterwanderweg im Mühlviertel
- ○ WienerWaldGenuss-Führungen
- ○ WeinWanderWeg Gumpoldskirchen

Kellergassen

- ○ Oagossn in Falkenstein
- ○ Radyweg in Poysdorf
- ○ Kellergasse Galgenberg
- ○ Kellerviertel Heiligenbrunn
- ○ Kellergasse Stammersdorf

Kulinarische Events

- Sturm & Kastanien an der Südsteirischen Weinstraße
- Retzer Weinlesefest
- Kürbisschau beim Franzlbauer in Niederösterreich
- Genussmeile Thermenregion
- Tafeln im Weinviertel

Manufakturen

- Ölmühle Hartlieb in der Steiermark
- Blaudruck Koó im Burgenland
- Zotter Erlebniswelt in der Steiermark
- Marchri Glasbläserei in der Steiermark
- Naschkatze Linz

Fine Dining

- Gut Purbach im Burgenland
- Triad in Niederösterreich
- Rau in Oberösterreich
- Sattlerhof in der Steiermark
- Winterstellgut in Salzburg

KAPITEL 4

Ausflüge mit *Adrenalin*

Wer sich dazu aufrafft, die Stadtgrenzen Wiens zu verlassen, macht das üblicherweise nicht, um einen ausgiebigen Adrenalinrausch zu erleben, sondern um, umgeben von Bäumen, Tieren und Kreisverkehren, die eigene Mitte zu finden.

Wie man im zweiten Kapitel gesehen hat, gibt es auch tatsächlich viele Möglichkeiten, um sich so richtig mit Natur und Pflanzen zu connecten – aber das ist nur die Spitze des Eisbergs: Es gibt so viele Aktivitäten mit Action- und Spaßfaktor außerhalb der Hauptstadt, die man unbedingt einmal ausprobieren sollte.

Deshalb stellen wir dir in diesem Kapitel elf actiongeladene Ausflugsziele vor – von A wie Alpakawanderung bis Z wie Zipline durch den Kletterpark –, bei denen Serotonin, Dopamin und Adrenalin so richtig kicken. Man kann wie Kevin Costner mit den Wölfen tanzen oder sich als Ninja versuchen, eine Zeitreise machen und mit Dinosauriern leben oder mit Monsterrollern einen Berg runterbrettern, einen mysteriösen Schatz suchen und die spannendsten Funfacts über Bären lernen, um beim nächsten Survival-Workshop so richtig zu glänzen. All das passt natürlich nicht zwischen Betonklötze und Bimschienen. Deshalb lohnt es sich auf jeden Fall, für ein kleines Tête à Tête mit der Gänsehaut die gewohnten Stadtgrenzen zu verlassen.

So breit gefächert wie die Definition von Action ist, so verschieden sind die Aktivitäten, die dich rund um Wien erwarten. Was sie alle miteinander verbindet, ist aber ganz eindeutig die Tatsache, dass bei diesen Ausflügen garantiert niemandem langweilig wird. Also pack ganz unbesorgt die BFFs, Kinder, Kegel, Onkel, Tanten, Mamas, Papas und Cousinen dritten Grades ein. Denn, wie heißt es so schön? Je mehr, desto lustiger!

Familypark

www.familypark.at
Instagram: familypark.at

Märchenparkweg 1
7062 St. Margarethen im Burgenland

Öffnungszeiten: März – November

Familypark

Auf die Größe kommt es meistens wirklich nicht an. Trotzdem gibt es ein paar wenige Dinge im Leben, bei denen größer dann doch gleich besser bedeutet.

Beispiele dafür sind Pommes-Portionen oder Bücherregale – und mit Sicherheit auch Freizeitparks. Ganz genau deshalb solltest du unbedingt dem Familypark im Burgenland – angesiedelt im Hügelland von Rust – einen ausgiebigen Besuch abstatten. Hier in St. Margarethen erstreckt sich der größte Freizeitpark Österreichs auf einem über 145.000 Quadratmeter großen Parkareal und bietet dementsprechend viele Fahrattraktionen.

Egal ob Wasser- und Erlebnisspielplätze, Klettergärten oder Mitmachspiele: In diesem Freizeitpark gibt es genug Action, um das abenteuerlustigste Herz zufriedenzustellen. Segle auf die Abenteuerinsel, um mit den Fischen zu fliegen, oder such dir einen Drachen, der dich durch die Erlebnisburg kutschiert – die vier liebevoll gestalteten Themenwelten sorgen bei jedem Besuch für einen abwechslungsreichen Nachmittag, inklusive Märchenwald und Bauernhof. Action und Adrenalin, Märchen und Mitmachangebote – das Motto „Spaß für die ganze Familie" wird hier eindeutig erfüllt.

Egal ob die Familie deine Studi-WG, der erste Kindergeburtstag oder ein Nachmittag mit den Großeltern ist: Im Familypark gibt es Attraktionen für alle Altersklassen. Zahlreiche kulinarische Angebote sorgen für die richtige Stärkung zwischendurch. Die Störche pfeifen es schon von den Dächern: Der Familypark Rust gehört auf deine Burgenland-Bucketlist.

Wexl Arena

Nur eine Stunde von Wien entfernt liegen die Wiener Alpen, die neben Wanderungen und wunderschönen Fahrradtouren auch ziemlich viel Action bereithalten.

Wenn du dich zum Beispiel mit Geschwindigkeiten von bis zu 40 km/h den Berg hinunterstürzen willst, solltest du dir die Wexl Arena in St. Corona am Wechsel nicht entgehen lassen. Hier sorgen nicht nur im Winter die Skipisten für alpines Downhill-Vergnügen – auch während der warmen Jahreszeiten rauschst du auf der 870 Meter langen Sommerrodelbahn mit gehörig Zunder durch zahlreiche Steilkurven und Kreisel, und das mit fantastischem Ausblick.

Wer auf der Abfahrt noch die Zeit hat, sich umzuschauen, wird nämlich von der herrlichen Landschaft rund um den Kampstein verzaubert. Und wenn du dann unten angekommen bist und der Körper nach noch viel mehr Adrenalin schreit, lässt du dich einfach wieder nach oben ziehen, wartest, bis die Ampel auf Grün springt, und stürzt dich wieder hinab in die Schienenstrecke des Corona Coasters. Neben der Sommerrodelbahn bietet die Wexl Arena auch noch weitere Attraktionen, wie etwa den Erlebnisweg „Auf den Spuren der Königin des Waldes“, einen Motorikpark und die Wexl Trails für ausgiebiges Mountainbike-Vergnügen.

Hungrige Abfahrer*innen können sich anschließend in der Wexl Lounge treffen und bei Snacks und Drinks die Bestzeiten vergleichen.

Wexl Arena

www.wexlarena.at
Instagram: wexlarena

Unternberg 197
2880 St. Corona am Wechsel

Öffnungszeiten:
Sommersaison/Wintersaison

Kletterpark Tattendorf

www.kletterpark-tattendorf.at
Instagram: kletterparktattendorf

Dumba Park 1
2523 Tattendorf

Öffnungszeiten: Sommersaison

Kletterpark Tattendorf

Kein Trend hat in den vergangenen Jahren so eingeschlagen wie das Bouldern.

Es gehört mittlerweile fast zum guten Ton, mit rauen Fingerkuppen und Kletterschuhen gedankenverloren auf der Matte zu sitzen und über die nächste Route zu sinnieren. Anstatt an heißen Sommertagen aber in der Halle zu schwitzen, machen wir lieber einen Ausflug in den Kletterpark Tattendorf.

Dort warten 64 Hindernisse in sechs Parcours darauf, von dir überwunden zu werden, und das in verschiedenen Schwierigkeitsgraden, vom Bambiniparcours bis zur schwarzen Route, die sogar die selbstsichersten Boulderbestien zum Zittern bringen wird. In Tattendorf kommen sowohl kletterbegeisterte Kinder als auch ausgewachsene Klammeräffchen auf ihre Kosten, inklusive Flying-Fox-Passagen und schwebenden Holzpfosten für Balanceakte in schwindelerregenden Höhen. Der Kletterpark ist außerdem Teil des Dumba Parks, der genug Attraktionen bietet, damit ein Tag in Tattendorf wie im Flug(-Saurier) vergeht. Über 50 lebensgroße Dinosaurier im DINO Park, ein XXL-Labyrinth, eine Fahrt mit dem Beerbike und ein Besuch in der Schmetterlingswelt: Das alles gibt es so kurz vor den Toren Wiens zu erleben.

Stärken kann man sich mit den zahlreichen kulinarischen Köstlichkeiten im Rahofer Bräu und wer will, quartiert sich in einem der Schlaffässer ein und träumt von einem Land vor unserer Zeit.

Speedworld

Der Name ist Programm. Wenn man diesen Satz schreiben darf, dann über die Speedworld in Pachfurth.

An der Grenze zwischen Niederösterreich und dem Burgenland geht es wirklich um Geschwindigkeit in all ihren Facetten. Egal ob auf der asphaltierten Rennbahn, im steinigen Gelände oder sogar im Wasser: In Pachfurth werden die Drehzahlen auf allen Terrains nach oben geschraubt.

Wenn man sich gerne mit Freund*innen messen und herausfinden will, wer nun wirklich der*die beste Autofahrer*in ist, dann am besten bei einer Runde Kart Racing. Hier bretterst du mit 270-Kubikzentimeter-Karts die 580 Meter lange Rennstrecke mit dem Ziel der besten Zwischenzeit entlang – der letzte zahlt die erste Runde, oder wie war noch einmal die Regel?

Wenn man sich aber lieber vom Asphalt entfernt und ins Gelände ausweicht, dann ist der QuadPark nur ein paar Meter entfernt, bei dem man entweder auf einer Crosstrack-Rennstrecke versucht, die eigene Rundenzeit zu verbessern, oder bei einer geführten Tour ins Wiener Umland abzweigt. Im Badeteich der Speedworld gibt es schließlich noch die Möglichkeit, mit Jetskis über die Wasseroberfläche zu rasen.

Und wenn du auf Benzin im Tank verzichten kannst, weil du als Kind mal in den Zielwasser-Kessel gefallen bist, kannst du im Wiener Paintballpark auf insgesamt 13 Maps deine Gegner*innen in Jackson-Pollock-Gemälde verwandeln. Mehr Mad Max gibt es in Österreich wohl kaum.

Speedworld

www.speedworld-kart.at
Instagram: speedworld_kart

Freizeitzentrum 1
2471 Pachfurth

Öffnungszeiten: DI – SO

Mountaincarts auf der Gemeindealpe

www.gemeindealpe.at
Instagram: gemeindealpe_mitterbach

Seestraße 28
3224 Mitterbach am Erlaufsee

Betriebszeiten: Mai – Oktober

Mountaincarts auf der Gemeindealpe

Man sollte niemals ein Buch nach seinem Cover beurteilen. Lustigerweise gilt der gleiche Satz auch für Ortsnamen in Niederösterreich.

Mitterbach am Erlauf klingt vielleicht nicht wie das Mekka von Freizeit-Adrenalinjunkies, ist es aber. Spätestens, wenn man mit einem der 190 Mountaincarts von der Mittelstation der Mitterbacher Gemeindealpe die 4,6 Kilometer lange Strecke ins Tal hinuntergekurvt ist, wird man diese Meinung schlagartig ändern.

Dass es so viel Spaß machen kann, mit überdimensioniert aussehenden Gefährten einen Berg hinunterzufahren, hätten wir uns auch nicht gedacht. Nachdem man gemütlich mit dem Sessellift beim Startpunkt angekommen ist und sich dort für Mountaincart oder Monsterroller entschieden hat, beginnt die Strecke, auf der du durch duftende Nadelwälder bis ins Ziel bei der Talstation bretterst. Und sobald man dort angekommen ist und die Aufregung bis in die Haarspitzen spürt, steht man schnell wieder beim Lift, um der Gemeindealpe noch ein weiteres Mal zu zeigen, wer hier das Lenkrad in der Hand hat.

Wenn der Adrenalinspiegel dann endlich gefüllt ist, kann man statt noch einmal zum Sessellift im Anschluss einfach „Zum Sessellift" gehen – in diesem Gasthaus mit dem klingenden Namen kannst du nach der Abfahrt die perfekte Rennlinie bei bodenständiger Küche und hausgemachten Mehlspeisen analysieren.

Jumpin Warrior

Anstatt sich an Regentagen im Bett zu verkriechen und schadenfroh die schlimmsten Fails von Takeshi's Castle anzuschauen, werden wir lieber aktiv und machen einen Kurztrip nach Vösendorf.

Aber natürlich nicht, um die innere Leere mit einer vollen Einkaufstasche zu füllen, sondern um unseren ganzen Körper so richtig in Bewegung zu bringen. Direkt neben der SCS kannst du nämlich dem größten Ninja Warrior Erlebnispark Österreichs einen Besuch abstatten.

Wenn das Wetter also wieder einmal nicht mitspielt für die geplante Wochenendaktivität, kann man sich beim riesigen Indoor-Abenteuerspielplatz für alle Altersstufen die notwendige Dosis Action und Adrenalin abholen. Dieser Ort ist ein wahres Action-Wunderland, in dem sich hinter jeder Ecke ein Erlebnis verbirgt. Beim Ninja Warrior Course musst du beispielsweise über 60 Hindernisse klettern, springen und balancieren und dabei zeigen, wie gut deine Koordination, Stärke und Geschicklichkeit sind. Außerdem warten Trampolin-Action (vom Spaß- bis zum Pro-Level), Running Walls, Air Bags zum Salto-Perfektionieren, ein Hochseilgarten und noch viel mehr auf dich. Und wer am eigenen Geburtstag nicht schon wieder nur im Beisl hocken will, mietet einfach den Partyraum, in dem bis zu 20 Personen die ultimative Ninja-Experience zelebrieren können.

Gutschein auf Seite 14

Jumpin Warrior

www.jumpin-warrior.at
Instagram: jumpin_warrior

Anschlussstelle Mödling SCS
2351 Wiener Neudorf

Öffnungszeiten: MI – SO

Alpakahof Hahn

www.alpakahof-hahn.at
Instagram: apakahofhahn

Kleinnondorf 14
3912 Grafenschlag

Öffnungszeiten: nach Vereinbarung

Alpakahof Hahn

Zwei Stunden mit einem Alpaka tragen erheblich dazu bei, dass man am Abend zufrieden einschläft.

Es gibt zwar keine offizielle Studie, mit der wir diesen Satz belegen können, aber ein Blick in die süßen Augen eines Alpakas ist ohnehin viel aussagekräftiger als eine wissenschaftliche Arbeit. Wer das nicht glaubt, sollte sich schnellstmöglich am Alpakahof Hahn vom Gegenteil überzeugen.

Diese flauschige Alpaka-Wohngemeinschaft im Waldviertel bietet dir die Möglichkeit, auf einen ausgedehnten Spaziergang mit den Anden-Kamelen zu gehen, bei dem du neben den spaßigen Manieren der Tiere auch noch die interessantesten und besten Alpaka-Funfacts serviert bekommst. Da man die Wanderrouten individuell vereinbaren kann, ist ein Ausflug mit Alpakas etwas für die ganze Familie und durchführbar vom Kinderwagen bis zum Rollator. Wer nach zwei Stunden Alpaka-Feeling noch nicht genug hat, kann auch über Nacht bleiben, um sich am nächsten Morgen zum Frühstück noch eine Streicheleinheit abzuholen.

Das Leben ist kein Alpakahof, steht auf der Kaffeetasse, die du dir aus dem Souvenirshop für zu Hause mitnehmen kannst. Diesen traurigen Fakt darf man im Waldviertel für ein paar Stunden getrost vergessen. Mit der dazu passenden Bettwäsche wird es auch im Winter wohlig warm und man kann sich einkuscheln und zurückträumen an diesen Tag am Alpakahof Hahn, wo die Welt wieder für ein paar Stunden vollkommen in Ordnung war.

BÄRENWALD Arbesbach

Auch wenn Winnie Pooh, Paddington und Balu immer so lieb und glücklich aus dem Fernseher lachen: Leider sind die Lebensbedingungen für die Tiere in der Realität nicht immer so schön wie in Film und Fiktion.

Viele Bären müssen unter qualvollen und unzureichenden Haltungsbedingungen leben. Für sie ist der Bärenwald Arbesbach eine wichtige Auffangstation. Auf 14.000 Quadratmetern finden sie in der Waldviertler Landschaft eine neue Heimat, bekommen den Platz, den sie benötigen und können sich endlich richtig wohlfühlen. Besucher*innen können in gebotenem Abstand mit den drei Braunbären, die derzeit in Arbesbach leben, auf Tuchfühlung gehen und bekommen dabei einen einzigartigen Einblick in den Alltag und die Lebensweise der Tiere. Noch mehr Informationen zu Bären und Tierschutz gibt es in einem Ausstellungraum und im modernen Multimedia-Bereich. Durch zahlreiche Gastronomie-Angebote, einen Spielplatz und Klettermöglichkeiten eignet sich dieser Ausflug perfekt für kleine und große Bärenliebhaber*innen.

Im Gasthaus Kolm direkt nebenan gibt es außerdem alles für den Bärenhunger: von klassischen Gerichten bis zur Haubenküche. Ein Tag ohne einen Bären ist wie ein Topf ohne einen Tropfen Honig, würde Winnie Pooh sagen. Das finden wir auch – also: Ab nach Arbesbär-, ähm ... Arbesbach!

BÄRENWALD Arbesbach

www.baerenwald.at
Instagram: bear_sanctuary_arbesbach

Schönfeld 13
3925 Arbesbach

Öffnungszeiten: täglich

Steppentierpark Pamhagen

www.steppentierpark.at

Am Tierpark 1
7152 Pamhagen

Öffnungszeiten: März – Oktober

Steppentierpark Pamhagen

Das Burgenland hat um einiges mehr zu bieten als Wein, den Neusiedler See und die sommerlichen Festspiele.

Denn auch wenn man Lust auf einen Spaziergang in einer Steppenlandschaft mit tierischer Action hat, ist der Osten Österreichs die richtige Adresse, genauer gesagt der Steppentierpark Pamhagen.

Von März bis Oktober kannst du hier in der Nähe des Neusiedler Sees, knapp vor der ungarischen Grenze auf einer Fläche von 13 Hektar unter schattigen Baumkronen auf wunderschönen Rundwegen wandern und dabei knapp 50 Tierarten hautnah erleben.

Mit dabei: Wasserbüffel, Barockesel und das Ungarische Steppenrind. Besonders lohnt sich eine Führung mit Naturpädagog*innen, bei der man viele spannende Infos über die heimischen Tiere und den Lebensraum Seewinkel erfährt.

Wer nicht nur schauen, sondern auch die flauschigen Felle anfassen möchte, besorgt sich am besten an der Kassa ein Säckchen Futter, um die tierischen Bewohner mit Leckerlis zu bestechen und zur Streicheleinheit anzulocken. Zahlreiche Bänke, ausreichend Wiese und der schattige Gastgarten des Buffets machen den Steppentierpark Pamhagen zu einem tierisch tollen Ausflugsziel mit der ganzen Familie.

Und wer sich beim Besuch in eines der süßen Tiere verliebt, kann direkt eine Patenschaft übernehmen und damit einen wichtigen Beitrag zur Erhaltung der Tierwelt leisten.

Wolf Science Center

Das Wolf Science Center klingt mit dem englischen Namen ein bisschen wie die böse Rüstungsindustrie im Star-Wars-Universum, ist aber in Wahrheit eines der liebsten tierischen Ausflugsziele nur eine Stunde außerhalb von Wien.

Hier in Ernstbrunn kannst du nämlich tatsächlich Wölfen näherkommen und alles Wissenswerte über diese spannenden – und normalerweise menschenscheuen – Tiere lernen. Die hier ansässigen Timberwölfe leben gemeinsam mit Hunden und Menschen im Wolfforschungszentrum im Wildpark.

So entsteht eine vertrauensvolle Verbindung mit den Forscher*innen schon ab dem Welpenalter. Je nachdem, wie intensiv du in die Welt der Wölfe eintauchen willst, kannst du aus verschiedenen Angeboten und Führungen wählen – vom Spaziergang mit Wolfswelpen bis zur Howl Night, bei der du an einem Abend den Wildpark und die Wölfe in einer besonderen Atmosphäre erlebst, Marshmallows und Lagerfeuer inklusive.

Auch nicht schlecht: Neben Wölfen kannst du im gesamten Wildpark auch zahlreiche andere Tiere (wie z. B. Hochlandrinder, Sikahirsche und Mufflons), das Schloss Ernstbrunn und die wunderschönen Weinviertler Eichenwälder kennenlernen. Nach so viel Wald und Wolf hast du dir eine große Portion Pommes verdient, die du dir am besten in der Hexenküche holst, einem herrlich urigen Imbiss mitten im Park.

Wolf Science Center

www.wolfscience.at
Instagram: wolfscience

Dörfles 48
2115 Ernstbrunn

Öffnungszeiten variieren nach Saison

Escape Haus Traismauer

www.escapehaus.net

Rittersfelder Straße 15
3133 Traismauer

Öffnungszeiten: SA & SO

Escape Haus Traismauer

Escape-the-Room-Spiele sprießen seit einigen Jahren wie Pilze aus dem Boden, und das in Tausenden verschiedenen Variationen.

Manchmal muss man aus einem Gefängnis ausbrechen, manchmal muss man Zombies entkommen, manchmal muss man einem verrückten Wissenschaftler die Codes für die Atombombe entreißen, manchmal als Hobby-Indiana-Jones den Schatz der Inka finden.

Im Escape Haus in Traismauer in Niederösterreich ist der Zugang ein etwas anderer: Nicht nur deshalb, weil der Escape Room sich in ein Einfamilienhaus einschreibt, sondern weil das Rätsel, das es zu lösen gilt, auf einer wahren Begebenheit beruht. Das macht das Spielerlebnis zu einer besonders realistischen Angelegenheit. Im Escape Haus wirst du nicht für 60 Minuten in einen Raum eingesperrt, sondern du machst dich auf die Suche nach einem Tresor – und wenn du es schaffst, ihn zu öffnen, wartet ein Schatz auf dich! Spaß, Freude und spannende Denksportaufgaben sind also garantiert.

Ein zweites Rätsel für das Escape Haus ist gerade in Arbeit und wird bald eröffnet – es kann also gut sein, dass du in Zukunft öfter nach Niederösterreich fahren wirst, um dich den kniffligen Codes zu widmen.

Zwei bis sechs Personen sind die perfekte Größe für die Rätselgruppe – also pack die Sherlock Holmes und Miss Marples deines Freundeskreises ein und finde zusammen mit ihnen heraus, wie gut eure Kombinationsgabe wirklich ist.

% Gutschein auf Seite 131

Zeit zum *Abhaken!*

○	Familypark	FAZIT ☆☆☆☆☆ NOCHMAL? JA ○ NEIN ○
○	Wexl Arena	FAZIT ☆☆☆☆☆ NOCHMAL? JA ○ NEIN ○
○	Kletterpark Tattendorf	FAZIT ☆☆☆☆☆ NOCHMAL? JA ○ NEIN ○
○	Speedworld	FAZIT ☆☆☆☆☆ NOCHMAL? JA ○ NEIN ○
○	Mountaincarts auf der Gemeindealpe	FAZIT ☆☆☆☆☆ NOCHMAL? JA ○ NEIN ○
○	Jumpin Warrior	FAZIT ☆☆☆☆☆ NOCHMAL? JA ○ NEIN ○
○	Apakahof Hahn	FAZIT ☆☆☆☆☆ NOCHMAL? JA ○ NEIN ○
○	Wolf Science Center	FAZIT ☆☆☆☆☆ NOCHMAL? JA ○ NEIN ○
○	Steppentierpark Pamhagen	FAZIT ☆☆☆☆☆ NOCHMAL? JA ○ NEIN ○
○	BÄRENWALD Arbesbach	FAZIT ☆☆☆☆☆ NOCHMAL? JA ○ NEIN ○
○	Escape Haus Traismauer	FAZIT ☆☆☆☆☆ NOCHMAL? JA ○ NEIN ○

Zeit zum *Abhaken!*

Wie, schon alles erlebt und du hast noch immer nicht genug? Oder sehnt es dich einfach nach weiteren Momenten, in denen das Herz bis zum Hals pumpert? Dann hold our Spritzer: Wir haben noch eine ganze Menge mehr adrenalingeladener Spots in ganz Österreich in petto.

Wassersport

- ◯ Outdoor-Freizeitpark Area47 in Tirol
- ◯ SUP-Safari im Salzkammergut
- ◯ Rafting Camp Palfau in der Steiermark
- ◯ Flusstauchen in der Traun in Oberösterreich
- ◯ Surfen bei The.Riverwave in Oberösterreich

Hochseilgärten

- ◯ OCHYS Waldfreizeitpark Kreuzstetten
- ◯ Hamari Kletterpark Mönichkirchen
- ◯ Waldseilgarten Hirschenkogel
- ◯ Hochseilgarten Stegerspark
- ◯ Waldseilpark Kahlenberg

Alternativer Wintersport

- ◯ Langlaufen in Ramsau am Dachstein
- ◯ Schneeschuhwandern am Schneeberg
- ◯ Skitour vom Pfaffensattel aufs Stuhleck
- ◯ Eisklettern im Eispark Osttirol
- ◯ Rodeln in der Wildkogel-Arena

Bikeparks

- ◯ The Epic Bikepark Leogang
- ◯ Bikepark Brandnertal
- ◯ Bikepark Republic Sölden
- ◯ Dirtpark Wienerberg
- ◯ Trailcenter Hohewand Wiese

Escape Rooms

- ◯ MoonScape in Mondsee
- ◯ Lake's Escape im Burgenland
- ◯ Escape House Vorchdorf
- ◯ First Escape in Wien
- ◯ Fox in a Box Graz

KAPITEL 5

Ausflüge zu *Kunst und Kultur*

Wenn am Freitag der Laptop zugeklappt wird und Excel zumindest für ein Wochenende geschlossen bleiben darf, dann ist die Sehnsucht nach künstlerischer Substanz statt mathematischer Tabellenfunktion verständlicherweise sehr groß.

Das fünfte Kapitel widmet sich deshalb Kunst und Kultur in all ihren Facetten, von großflächigen Graffitis auf zahlreichen Wänden bis zur opulenten Blumenkunst in gigantischen Schlossgärten. Eine Sache wird dabei schnell klar: Die Kultur im Wiener Umland hat so viel mehr zu bieten als Zeltfest und Vorgartengestaltung. Wenn man das kulturelle Radar ausnahmsweise auch außerhalb der städtischen Grenzen aktiviert, erweitert das den Horizont und die möglichen Aktivitäten gewaltig.

Auf den nächsten Seiten erwarten dich spannende Museen und historische Burgen, Skulpturen und Malerei, zeitgenössische Kunst und Zeitreisen in aufregende Epochen der Geschichte von Steinzeit bis ins Mittelalter.

Lass dich entführen in eine Welt voller Erfindungen, die niemand braucht, tauche ein in die unverschämt-prunkvolle Gartenkunst der Monarchie, wandere auf den wasser- und weingetränkten Wegen der alten Römer*innen: Die elf Ausflugsziele in diesem Kapitel zeigen unmissverständlich, wie vielseitig Kunst und Kultur außerhalb urbaner Zentren sein können, wenn man mit offenen Augen auf das Wiener Umland blickt.

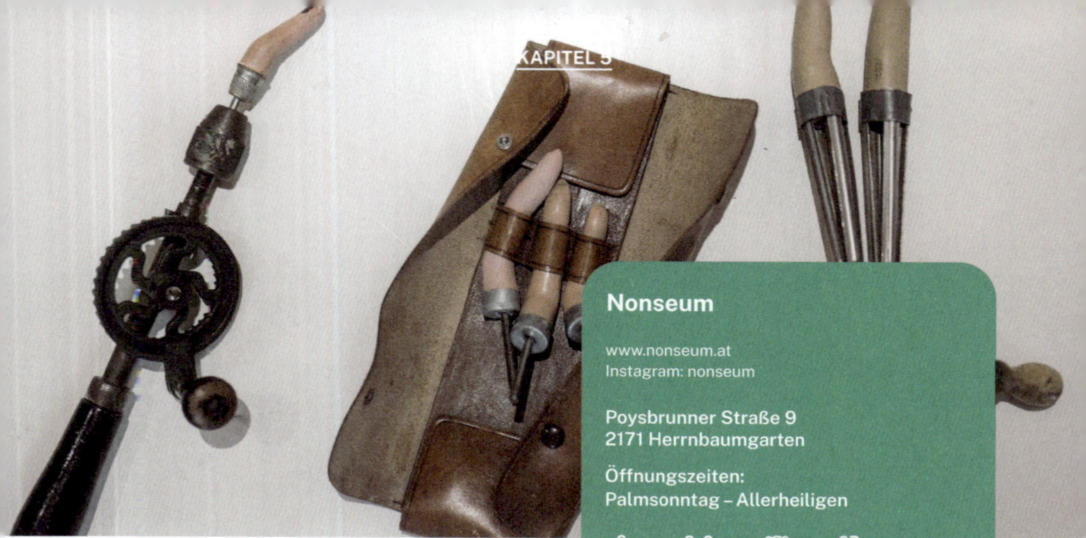

Nonseum

www.nonseum.at
Instagram: nonseum

Poysbrunner Straße 9
2171 Herrnbaumgarten

Öffnungszeiten:
Palmsonntag – Allerheiligen

Nonseum

Das Nonseum in Herrnbaumgarten ist die Wunderkammer des Weinviertels, ein Museum, in das man nicht geht, um etwas über Innovation und Technik zu lernen, sondern etwas zu verlernen: nämlich die Tatsache, dass nicht immer alles einen Sinn haben muss.

In diesem einzigartigen Museum stellt Chef-Erfinder und Kurator Fritz Gall mit seinem Verein zur Verwertung von Gedankenüberschüssen Erfindungen aus, die die Welt technisch überhaupt nicht weiterbringen. Ein gepolstertes Nudelholz oder einen maschinellen Nasenbohrer zum Beispiel. Wer die Welt verbessern will, braucht nicht immer gleich eine Rakete, manchmal tut es auch ein ausrollbarer Zebrastreifen.

Im Nonseum kannst du dich in ein Kuriositätenkabinett der besonderen Art begeben und kommst dabei aus dem Lachen und Staunen darüber nicht mehr heraus, was der menschliche Geist so alles erfinden kann, wenn er sich dem grenzenlosen Nonsens widmet. Irgendwann während des Besuchs kommt dann der Moment, in dem man sich denkt: Moment, was brauche ich eigentlich wirklich von all den Gadgets, die ich so mit mir herumtrage?

Und genau dann passiert der schöne Switch, wenn der Unsinn das Vertraute aus der Balance bringt und plötzlich alles und nichts mehr Sinn ergibt. Für besonders motivierte Museumsbesucher*innen gibt es verschiedene Programme – von der XXL-Tour bis zum integrierten Lachyoga. Wer hier reingeht, kommt umgedreht heraus. Und das ist auch gut so.

Würmlas *Wände*

Street-Art und Graffiti sind Kunstformen, die man mit New York, mit London, mit Berlin, vielleicht ein bisschen mit Wien verbindet.

Wer denkt, Street-Art beschränke sich auf die Stadt, war noch nie in Würmla im Bezirk Tulln in Niederösterreich. Das fantastische Kunstprojekt Würmlas Wände hat das Ziel, urbane Kunst auf ländliche Fassaden zu bringen und stellt damit eine Symbiose aus subkultureller Ausdrucksweise und regionaler Themensetzung dar. Auf 700 Quadratmeter Fläche und mit 100 Liter Farbe sehen zahlreiche Silos, Stadl und Keller der Region um einiges bunter aus, als man das von einer kleinen Ortschaft erwarten würde.

Alle Kunstwerke sind in Zusammenarbeit mit den 30 Besitzer*innen der Wände entstanden und erzählen mit urban anmutender Ästhetik persönliche Geschichten und die Wünsche und Sorgen der Dorfbewohner*innen. Würmlas Wände öffnen damit einen künstlerisch-visuellen Zugang zu ländlichen Themen, die man oft vielleicht einmal vergisst, wenn man sich ständig nur innerhalb der medialen Stadtmauern bewegt.

Am besten lassen sich die insgesamt 13 Kunstwerke mit einem Rundwanderweg erkunden, der dich vom Schloss Würmla bis nach Gumperding durch zehn kleine Ortschaften führt, immer mal wieder vorbei an einzelnen Graffitis, und dir neben der Kunst auch die Schönheit der Mostviertler Natur näherbringt. Gehst du ihn ganz, bist du schon mal gut sechs Stunden unterwegs – natürlich kannst du ihn aber auch in kleinere Abschnitte unterteilen.

Würmlas Wände

www.wurmlaswalls.com
Instagram: wuermlas_ws

Start Rundweg: Schloss Würmla: Schloßweg 2, 3042 Würmla

Schwierigkeit: leicht

Römerstadt Carnuntum

www.carnuntum.at
Instagram: roemerstadt_carnuntum

Hauptstraße 1A
2404 Petronell-Carnuntum

Öffnungszeiten:
März – November täglich

Römerstadt Carnuntum

Es braucht nicht immer einen DeLorean, um durch die Zeit zu reisen, manchmal reicht dafür auch die S7 Richtung Wolfsthal.

Vom Bahnhof Wien-Mitte kommst du nach einer Dreiviertelstunde beim Bahnhof Petronell-Carnuntum an und von dort trennen dich nur noch 15 Gehminuten vom Jahr 195 nach Christus. So weit zurück in die Vergangenheit bringt dich nämlich die Römerstadt Carnuntum, in der du an verschiedenen Schauplätzen mit allen Sinnen in die Zeit der alten Römer*innen eintauchen kannst.

Auf Basis von Studien und Untersuchungen wurde hier ein Teil eines römischen Stadtviertels am Originalstandort wieder aufgebaut. Das heißt: In der Römerstadt Carnuntum kannst du nicht nur irgendeinen ausgegrabenen Stein von einem alten Haus in einem Glaskasten anschauen, sondern physisch durch Straßen und Architektur der römischen Geschichte spazieren. Egal ob du dich im Haus des Lucius wie die Mittelschicht der Antike fühlst oder in der Villa Urbana und der römischen Therme das luxuriöse Leben der Oberschicht cosplayst: Ein Besuch in der Römerstadt Carnuntum bietet mit zahlreichen Führungen eine Reise in die Geschichte, die man nicht nur erzählt bekommt, sondern erleben kann, vom Alltag bis zu den lukullischen Genüssen im Forum Culinarium.

Unser Tipp: Halte unbedingt Ausschau nach einer der zahlreichen Veranstaltungen, vom Gladiatorentag bis zum Kinderfest.

Schallaburg

Burgen sind ein bisschen wie die Freibäder des österreichischen Kulturtourismus: Es gibt sie an den meisten Orten, jede*r war schon einmal bei einer, und kennt man eine, kennt man die meisten.

Aber genauso wie die Pommes in manchen Badebuffets einfach besser schmecken als bei den anderen, haben auch manche Burgen Dinge zu bieten, die sie aus dem Pool (pun intended) herausstechen lassen.

Ein besonders imposantes Exemplar ist die Schallaburg, bei der es von Geschichte bis Kunst alles zu entdecken gibt, was das Burgliebhaber*innenherz begehrt. Zurecht ein Besucher*innenmagnet sind die wechselnden Ausstellungen. 2025 steht dabei das Träumen im Mittelpunkt: zwischen Traum und Wirklichkeit, vom Tagtraum bis zur gesellschaftlichen Utopie. Aber nicht nur für einen Ausstellungsbesuch lohnt sich der Abstecher ins Mostviertel – das Schlossareal selbst ist eines der schönsten Niederösterreichs. Für tatkräftige Historiker*innen gibt es außerdem einen Escape Room, in dem man die Geschichte der Schallaburg mit Rätseln nacherleben kann. Da soll noch einmal wer behaupten, Geschichte sei ein trockenes Fach.

Apropos trocken: Durst und Hunger kann man am besten im Gastgarten inmitten des wunderbaren Terrakottahofes stillen, wo das Burg-Restaurant traditionelle österreichische Küche, aber auch vegane Köstlichkeiten kredenzt.

Schallaburg

www.schallaburg.at
Instagram: schallaburg_at

Schallaburg 1
3382 Schallaburg

Öffnungszeiten:
April – November täglich

Schloss Hof

www.schlosshof.at
Instagram: schloss_hof

Schloßhof 1
2294 Schloßhof

Öffnungszeiten: täglich

Schloss Hof

Wenn man im Sommer mal wieder auf die beste Freundin neidisch ist, weil sie auf ihrem schattigen Balkon hocken kann, während man selbst in der Unterhose auf dem Sofa schwitzt, sollte man den Blick am besten einmal ins Schloss Hof schweifen lassen.

Dort hat Prinz Eugen von Savoyen nach dem Vorbild französischer Schlossgärten seinen barocken Garten mit sagenhaften sieben Terrassen anlegen lassen. Mit den dazugehörigen 35.000 Blumen sind das ziemlich viele gute Argumente für einen Ausflug ins östlichste Niederösterreich, direkt vor der slowakischen Grenze.

Neben dem Staunen über die Blumenpracht und den ganzen Prunk lohnt sich auch ein Rundgang durch das Schloss, zu den beiden Orangerien und der Fauna des Gutshofs. Tierisches Highlight von Schloss Hof sind definitiv die weißen Barockesel. In ganz Europa gibt es nur mehr wenige Hundert Exemplare von ihnen. Wer sich äußerst königlich fühlen will, bucht eine Kutschenfahrt natürlich nicht mit den Eseln, sondern zu Pferde – und fühlt sich zumindest kurzfristig wie ein*e Kaiser*in. Warum also neidisch sein auf einen Balkon, der ohnehin viel zu klein ist für zwei Personen, wenn man so einfach durch einen der schönsten Schlossparks Österreichs flanieren kann?

Romantiker*innen halten am besten auf der Website Ausschau nach besonderen Events wie dem Sternenpicknick, an dem man der Lieblingsperson die Blumen des Nachthimmels zu Füßen legen kann.

Arnulf Rainer Museum

In ein Museum eintauchen, das ist eine Phrase, die für das Arnulf Rainer Museum besonders gut passt.

Das Museum befindet sich nämlich im ehemaligen Frauenbad Baden und ist nicht nur wegen der Ausstellungen, sondern auch wegen seiner schönen klassizistischen Bäderarchitektur einen Besuch wert. Das Frauenbad war das größte und schönste Badehaus der Kurstadt Baden und glücklicherweise ist der historische Bau bis heute erhalten: von Becken bis Umkleidekabinen.

Wie der Name schon verrät, ist das Museum dem zeitgenössischen österreichischen Maler Arnulf Rainer gewidmet und beleuchtet dessen Arbeit und Werk aus verschiedenen Perspektiven, in wechselnden Ausstellungen. Eine gute Möglichkeit, um das Museum kennenzulernen, ist die Veranstaltung „Art Breakfast“, bei der sowohl der kulinarische als auch der kulturelle Hunger gestillt wird. Sollten dich Kreativität und Schaffensdrang bei einem Museumsbesuch überkommen, dann lohnt sich auch ein Blick auf die Workshops, die das Museum neben seinen Führungen anbietet.

Wer künstlerisch aktiv werden will, besucht am besten einen der Zeichenkurse, die für Erwachsene und Kinder angeboten werden. Erreichbar ist das Museum dank seiner zentralen Lage in Baden ganz einfach: Du fährst mit der Badner Bahn bis zur Endstation Josefsplatz, steigst direkt vor dem Eingang aus und springst in dieses Becken zeitgenössischer österreichischer Kunst hinein.

Arnulf Rainer Museum

www.arnulf-rainer-museum.at
Instagram: arnulfrainermuseum

Josefsplatz 5
2500 Baden

Öffnungszeiten: DI – SO

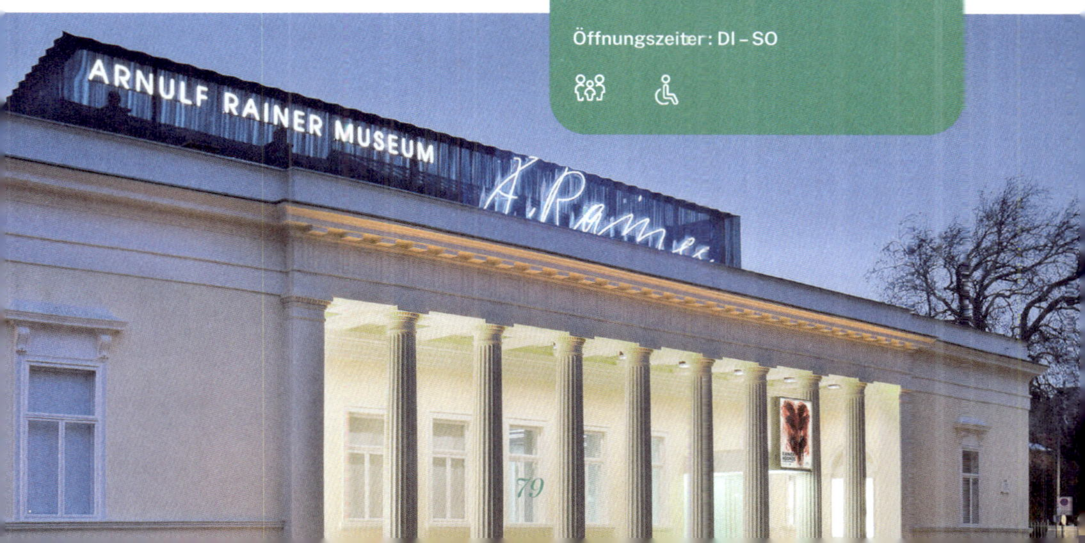

museum gugging

www.museumgugging.at
Instagram: museumgugging

Am Campus 2
3400 Klosterneuburg

Öffnungszeiten: DI – SO

museum *gugging*

Was passiert, wenn ein Museum nicht nur Museum ist, sondern auch Wohn- und Arbeitsort?

Im Wienerwald gibt es so einen Ort: Das museum gugging ist weltweit einer der wichtigsten Orte für Art Brut, eine Kunstform, die man am besten als spontan und frei von akademischer Prägung versteht.

Hier in Niederösterreich, etwas außerhalb von Klosterneuburg, erwarten dich Ausstellungen, die sowohl die Kunst von Künstler*innen aus Gugging zeigen, die seit den 1970er-Jahren zu den weltweit wichtigsten Vertreter*innen der Art Brut zählen, als auch internationale Beispiele dieser Kunstrichtung.

Das haus der künstler bietet seit Jahrzehnten künstlerisch talentierten Menschen ein vollbetreutes Wohnen – 14 Menschen wohnen derzeit in Maria Gugging. Was das museum gugging so ansprechend für einen Besuch macht, ist der starke Fokus auf eine moderne und ansprechende Kulturvermittlung, durch die Kunst zugänglich für alle wird, von Kindern bis zu Erwachsenen.

Von „eltern-kinder-kreativ“-Workshops, in denen schon die Kleinkinder einen spielerischen Zugang zu verschiedenen künstlerischen Ausdrucksweisen und Materialien erhalten, bis zum „gugginger gugelhupf“, bei dem man die Museumsführung bei Kaffee und Gugelhupf im gemütlichen Rahmen ausklingen lässt, bietet dieses Museum viel mehr als nur einen Rundgang durch eine Ausstellung. In Gugging wird Kunst gelebt, geatmet und weitergegeben, das merkt man an jedem Pinselstrich.

ALBERTINA Klosterneuburg

Alle, die in Wien leben, haben die ALBERTINA schon einmal gesehen – und sei es nur von außen, bei einer Käsekrainer am Würstelstand mit dem Dürer-Hasen auf dem Dach.

Fix ist: Die ALBERTINA zählt zu den wichtigsten Museen der Stadt. Und weil man anscheinend in Kunstwerken übergeht, gibt es inzwischen auch Zweigstellen – eine davon in Wien (ALBERTINA Modern am Karlsplatz) und eine zweite außerhalb der Stadtgrenzen, in Niederösterreich. Die ALBERTINA Klosterneuburg befindet sich im ehemaligen Essl Museum, das vom Architekten Heinz Tesar gestaltet wurde und ein Hybrid aus Ausstellungsraum und Aufbewahrungsort ist. Ihre Sammlung umfasst über 65.000 Kunstwerke der Gegenwartskunst nach 1945 – von Gemälden bis zu Grafiken, Zeichnungen und Fotografien. Exponate aus dieser Sammlung werden in wechselnden Ausstellungen seit 2024 auch für Besucher*innen zugänglich gemacht. Ein besonderer Schwerpunkt liegt in Klosterneuburg auf der Präsentation von Skulpturen, die von klassischen Plastiken bis zu monumentalen Videoarbeiten reichen und denen der gesamte zweite Stock gewidmet ist. Kunstfreund*innen freuen sich auf klingende Namen wie Roy Lichtenstein, Jonathan Meese und Valie Export, deren Werke nun hier zu sehen sein werden, wenn sie nicht gerade in den Museen in Wien hängen oder als Leihgaben unterwegs sind.

Wir empfehlen: Sattle den Drahtesel und genieße schon auf dem Weg zum Museum die malerische Schönheit der Natur entlang der Donau.

% Gutschein auf Seite 119

ALBERTINA Klosterneuburg

www.albertina.at
Instagram: albertinaklosterneuburg

An der Donau-Au 1
3400 Klosterneuburg

Öffnungszeiten: DI – SO

Heldenberg

www.derheldenberg.at
Instagram: derheldenberg_kleinwetzdorf

Wimpffen-Gasse 5
3704 Kleinwetzdorf

Öffnungszeiten:
April – Oktober DI – SO

Heldenberg

Gehen eine Historikerin, ein Autofan und ein Pferdeliebhaber in eine Bar, werden sie sich vielleicht nicht sehr viel zu sagen haben.

Für diese Konstellation wäre es vielleicht vernünftiger, nach Niederösterreich zu fahren: Der Heldenberg in der Nähe von Hollabrunn bietet zahlreiche Möglichkeiten für Zeit- und Entdeckungsreisen in verschiedene Epochen und Themen.

Man kann sich beispielsweise in Koller's Oldtimer Museum die fast 140-jährige Geschichte der Autoherstellung zu Gemüte führen. Oder man schaut sich die vielen Männerköpfe der Offiziere, Feldherren und Soldaten der k.u.k. Armee bei der Radetzky-Gedenkstätte an, von der der Heldenberg auch seinen Namen hat. Oder man traut sich im Steinzeitdorf bis ins Jahr 5.000 v. Chr. zurück und lernt, wie ein Alltag mit Faustkeil statt Smartphone ausgesehen hat. Es gibt also einiges an Geschichte zu entdecken am und um den Heldenberg.

Und mit dem Englischen Garten, den Lipizzanern der Spanischen Hofreitschule und den Raubvögeln von Aigner's Falkenhof liefert auch die kultivierte Flora und Fauna mehr als genug Gründe für einen Ausflug ins Weinviertel.

Bonustipp für Familien mit Kindern:
Am Wochenende können sich die Kinder im Steinzeitdorf an prähistorischen Tätigkeiten versuchen, während man selbst sich in der Vinothek Heldenberg durch die Weine aus der Region zwitschert.

Steinbruch St. Margarethen

Ohne das Burgenland würde der erste Wiener Gemeindebezirk heute ganz anders aussehen. Klingt komisch, ist aber so.

Und hat mit dem Steinbruch St. Margarethen zu tun. Das Material für den Bau und die Restaurierung des Stephansdoms und auch für viele Ringstraßengebäude kommt nämlich aus diesem Steinbruch, der zudem einer der ältesten und größten Steinbrüche Europas ist.

Er wurde vor Jahrmillionen noch vom Urmeer bedeckt und im 20. Jahrhundert fand man bei den Ausgrabungen bis zu 25 Millionen Jahre alte Fossilien. Deshalb ist es auch keine Überraschung, dass der Steinbruch St. Margarethen seit 2001 als UNESCO-Weltkulturerbe geführt wird.

In der zweiten Hälfte des 20. Jahrhunderts kamen im Rahmen des Europäischen Bildhauersymposiums auch immer wieder Bildhauer ins Burgenland, deren Skulpturen bis heute das Gelände rund um den Steinbruch prägen.

Diese Symposien fanden im Jahr 1959, initiiert durch Bildhauer Karl Prantl, in St. Margarethen ihren Anfang und prägten nachhaltig die Zusammenarbeit und den Austausch europäischer Bildhauerei. Heute kannst du noch knapp 50 Skulpturen und die umliegende Flora und Fauna bei einer Führung durch den Steinbruch genauer unter die Lupe nehmen.

Außerdem lohnt es sich, in den Sommermonaten am Abend zu einer der Opern-Vorführungen zu kommen, bei denen sich internationale Stars und gigantische Produktionen ein Stelldichein in einer der schönsten Kalksandsteinkulissen der Welt geben.

Steinbruch St. Margarethen

www.esterhazy.at

Römersteinbruch 2
7062 St. Margarethen im Burgenland

Skulpturenpark frei zugänglich

Museumsdorf Niedersulz

www.museumsdorf.at
Instagram: museumsdorf

Niedersulz 250
2224 Niedersulz

Öffnungszeiten:
April – November täglich

Museumsdorf Niedersulz

Warum auf ein einzelnes Gebäude beschränken, wenn man gleich ein ganzes Dorf zu einem Museum machen kann?

Dieser Gedanke ist in Niederösterreich Realität geworden. Im Museumsdorf Niedersulz schlenderst du durch ein traditionelles Weinviertler Zeilendorf entlang eines Bachlaufs und befindest dich schlagartig im Jahr 1900.

Auf diesem Freiluftgelände schreitest du nicht von Ausstellungsstück zu Ausstellungsstück und liest viel zu klein geschriebene Hinweistafeln, sondern erwanderst dir von Haus zu Haus örtliche Weinviertler Geschichte. Zahlreiche originalgetreue Gebäude – von Wohngebäuden bis Werkstätten, vom Poysdorfer Wirtshaus bis zum Pfarrhof mit Marienkapelle – laden dazu ein, sich an den Anfang des 20. Jahrhunderts zurückzubeamen. Während man durch liebevoll restaurierte und kuratierte Gassen streift, kann man sich auch ganz vorzüglich die Frage stellen, ob man damals eher als Knecht oder Magd, Wirtin oder Dorfpfarrer seine Berufung gefunden hätte.

Neben der Architektur gilt es auch eine vielfältige Tier- und Pflanzenwelt zu entdecken, in kleinem Rahmen in den Hausgärten der Wohnhäuser, die nach historischen Quellen bepflanzt werden, und im größeren Kontext am „lebenden Bauernhof“ mit Ziegen, Schafen, Eseln und mehr. Über 80 Gebäude gibt es in Niedersulz auf insgesamt 22 Hektar zu entdecken, gespickt mit einem vielseitigen Programm, von Führungen und Workshops bis zum regelmäßig stattfindenden Pflanzenmarkt.

Zeit zum *Abhaken!*

◯	Nonseum	FAZIT ☆☆☆☆☆ NOCHMAL? JA ◯ NEIN ◯
◯	Würmlas Wände	FAZIT ☆☆☆☆☆ NOCHMAL? JA ◯ NEIN ◯
◯	Römerstadt Carnuntum	FAZIT ☆☆☆☆☆ NOCHMAL? JA ◯ NEIN ◯
◯	Schallaburg	FAZIT ☆☆☆☆☆ NOCHMAL? JA ◯ NEIN ◯
◯	Schloss Hof	FAZIT ☆☆☆☆☆ NOCHMAL? JA ◯ NEIN ◯
◯	Arnulf Rainer Museum	FAZIT ☆☆☆☆☆ NOCHMAL? JA ◯ NEIN ◯
◯	museum gugging	FAZIT ☆☆☆☆☆ NOCHMAL? JA ◯ NEIN ◯
◯	ALBERTINA Klosterneuburg	FAZIT ☆☆☆☆☆ NOCHMAL? JA ◯ NEIN ◯
◯	Heldenberg	FAZIT ☆☆☆☆☆ NOCHMAL? JA ◯ NEIN ◯
◯	Steinbruch St. Margarethen	FAZIT ☆☆☆☆☆ NOCHMAL? JA ◯ NEIN ◯
◯	Museumsdorf Niedersulz	FAZIT ☆☆☆☆☆ NOCHMAL? JA ◯ NEIN ◯

Zeit zum *Abhaken!*

Rhythmus im Blut, Kunst an den Wänden, Geschichte(n) zum Anfassen und Bretter, die die Welt bedeuten: In Österreich kannst du praktisch an jeder Ecke Kultur atmen – natürlich auch abseits der Wiener Metropole. Wir haben dir noch ein paar spannende Tipps eingepackt, die dich garantiert weit über das Jahr hinaus mit frischen Impulsen, Beats, Ideen und Eindrücken beseelen werden.

Festivals

- ◯ picture on in Bildein, Burgenland
- ◯ Szene Open Air in Lustenau
- ◯ Poolbar Festival in Feldkirch
- ◯ Paradies Garten Festival in Niederösterreich
- ◯ Acoustic Lakeside Festival in Kärnten

Bühnen

- ◯ CSELLO in Oslip
- ◯ KUGA in Großwarasdorf
- ◯ Posthof in Linz
- ◯ Kasemattenbühne Graz
- ◯ Kulturverein Röda in Steyr

Museen

- Eiermuseum in Winden
- Bestattungsmuseum beim Zentralfriedhof Wien
- eitle Kinderkram in Neulengbach
- Haus der Digitalisierung in Tulln
- Weinmuseum Moschendorf

Burgen

- Araburg in Niederösterreich
- Rosenburg in Niederösterreich
- Burgruine Senftenberg in Niederösterreich
- Burg Liechtenstein in Niederösterreich
- Burg Heidenreichstein in Niederösterreich

Street-Art

- Pflasterspektakel in Linz
- Buskers Festival in Wien
- Urban Art Festival in Amstetten
- Calle Libre Festival in Wien
- Graffiti Hall of Fame in Salzburg

KAPITEL 6

Wochenend-Ausflüge rund um Wien

Wenn du uns eine Sache glauben kannst, dann ist es diese: Wir wissen, dass ein Tag nicht immer ausreicht, um alles abzuklappern, was man sich vorgenommen hat. Dafür gibt es dann doch zu viele Museen, zu viele Einkehrmöglichkeiten und zu viele Wanderrouten, die man entdecken möchte.

Aber eigentlich ist das doch ein gutes Zeichen: Wenn allein schon das Wiener Umland so viel zu bieten hat, was muss es dann noch für Schätze in ganz Österreich geben? Genug, das garantieren wir. In diesem Kapitel zeigen wir dir deshalb ausgewählte Touren, für die du dir am besten ein ganzes Wochenende Zeit nimmst. Wir fahren in die Steiermark und erkunden die Stahlstadt Linz, wir verlassen auf dem Weg nach Bratislava sogar die Landesgrenzen und wir radeln einmal um den Neusiedler See mit Wein auf dem Gepäckträger und Lavendelduft in der Nase. Die Wochenendausflüge bringen dich in süße Städte und malerische Landschaften, in die feinsten Restaurants und die urigsten Heurigen, zu rasanten Rutschen und entspannenden Ruheoasen.

Kurz gesagt: Mit diesem Guide bist du perfekt gerüstet für den nächsten Kurztrip. Wir wünschen dir viel Spaß zwischen Weingut und Weltmaschine, Vulkanland und Vintage-Shop, Kunstmuseen und Kellergassen. Hier kommen elf Wochenendausflüge, die in keinem Land-Liebe-Panini-Sammelalbum fehlen dürfen.

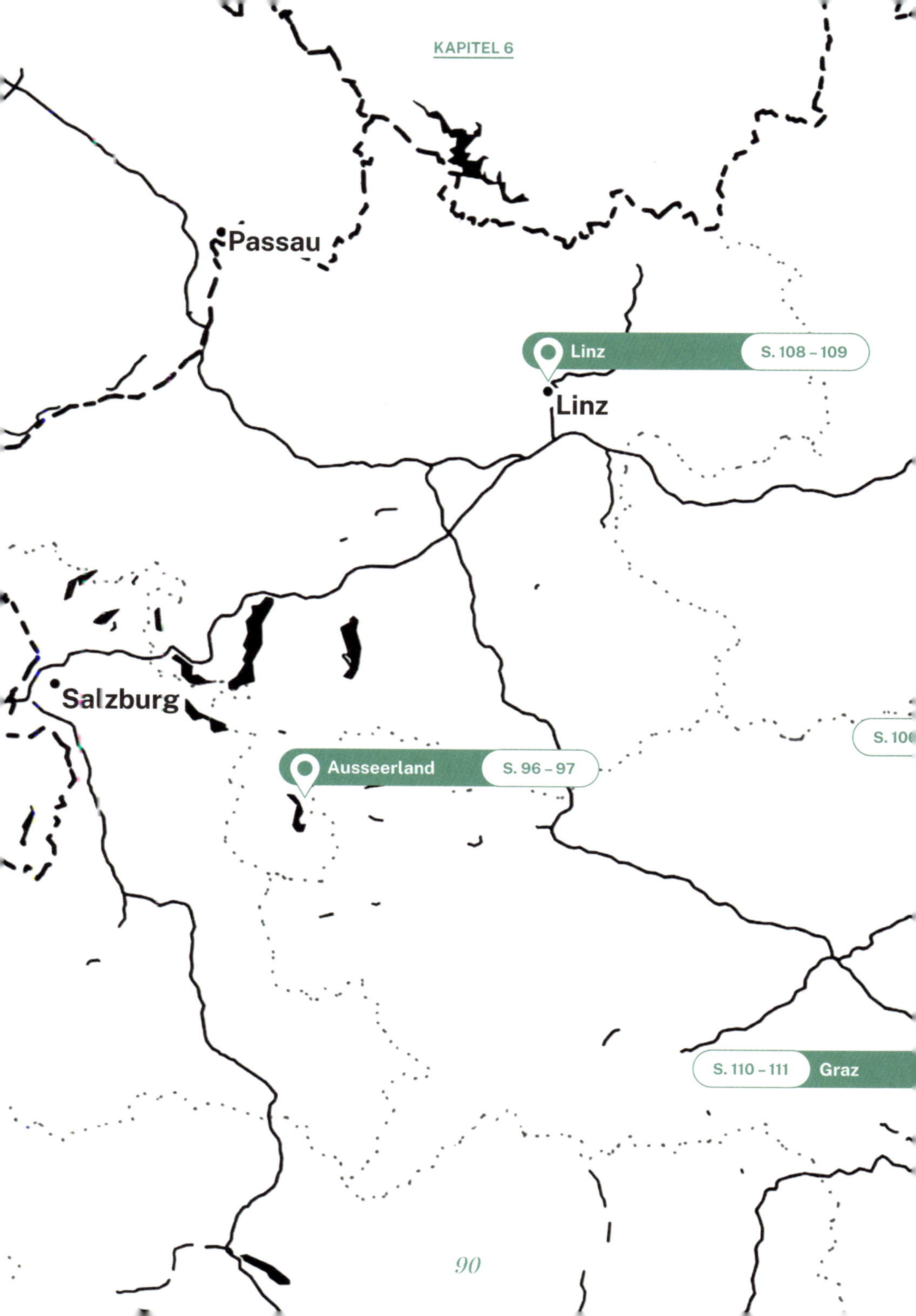
Passau
Linz
S. 108 – 109
Linz
Salzburg
S. 10
Ausseerland
S. 96 – 97
S. 110 – 111
Graz

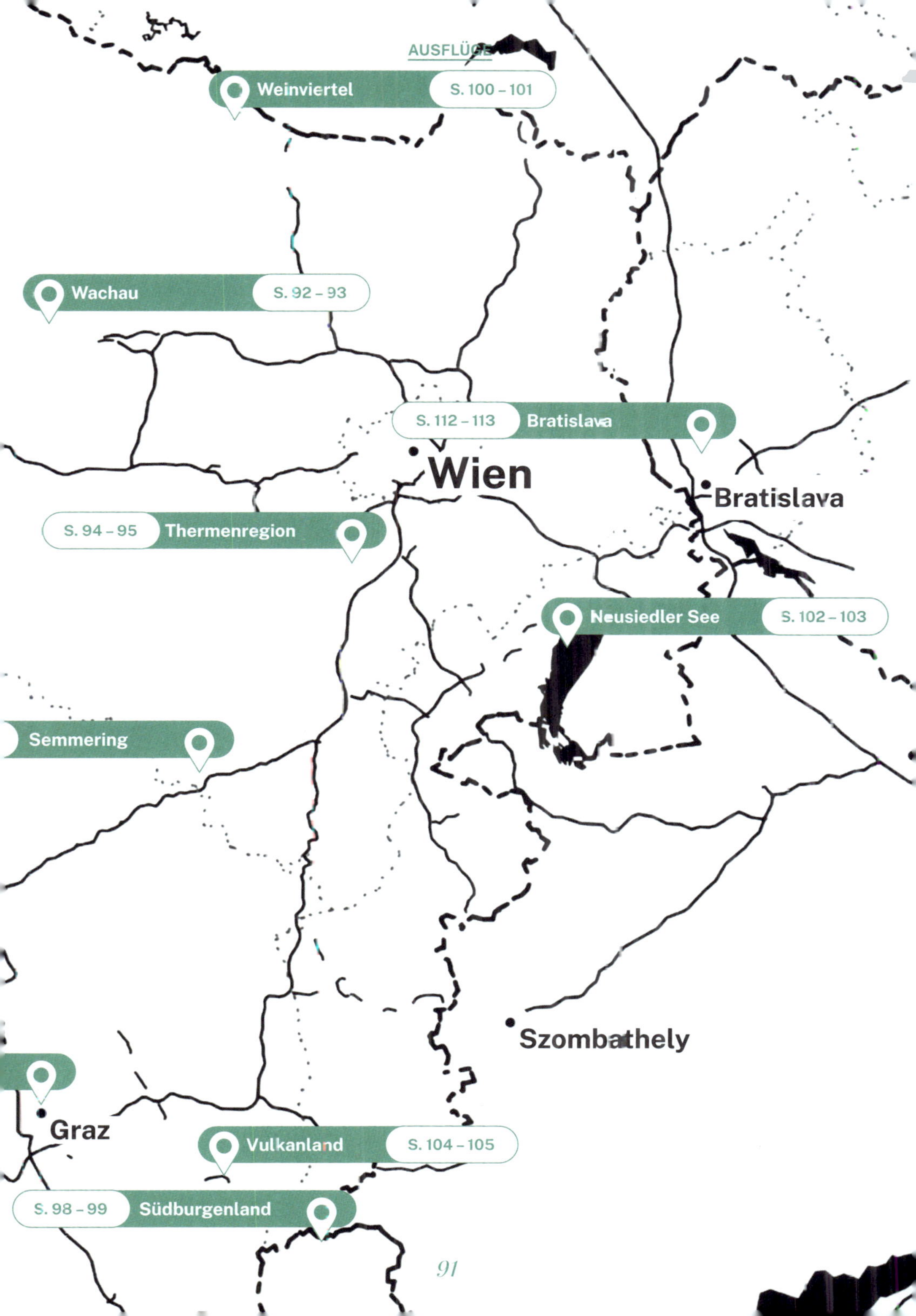
Weinviertel
S. 100 – 101
Wachau
S. 92 – 93
S. 112 – 113
Bratislava
Wien
Bratislava
S. 94 – 95
Thermenregion
Neusiedler See
S. 102 – 103
Semmering
Szombathely
Graz
Vulkanland
S. 104 – 105
S. 98 – 99
Südburgenland

80 km
Entfernung von Wien

Zug / Rad
Anreise

Frühling
Beste Jahreszeit

100.000
Marillenbäume

Scannen und Tour auf Google Maps ansehen

Wachau: Zwischen Marillenblüten und Rebstöcken

WACHAU, NÖ

Immer der *Nase* nach.

Keine Region Österreichs lässt sich so gut in ein mehrgängiges Menü übersetzen wie die Wachau: Traditionelle Backstuben, Marillengärten und Weinreben garantieren einen Wochenendausflug, der vom ersten Frühstück bis zum allerletzten Fluchtachterl purer Genuss ist.

Wanderfreund*innen empfehlen wir den Vogelbergsteig[1], auf dem man die Wachau von oben bewundert, während Wasserratten im Kanu[2] die Donau entlang paddeln. Die passende Stärkung holst du dir danach im Alten Klosterkeller[3] mit seinem idyllischen Gastgarten und feinen Heurigenschmankerln. Die Wachau bietet aber nicht nur Wasser und Wiesen, sondern ist auch eine der bekanntesten Weinregionen des Landes. Entlang der Donau und in der ganzen Region warten viele Einkehrmöglichkeiten für ein Nachmittagsachterl auf dich. Am besten, du gehst immer der Nase nach – nicht deiner eigenen, sondern der Wachauer Nase[4]: Dieser markante Betonzinken ragt gegenüber von Weißenkirchen am Donauufer aus dem Boden.

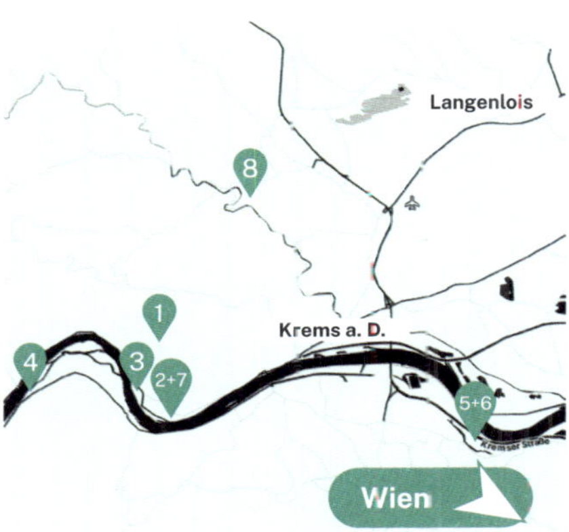

Apropos Nase: Es lohnt sich, zur Marillenblüte zu kommen – ein Naturschauspiel, das schon längst in die DNA der Region eingeschrieben ist. Dann wandelst du am besten auf dem Marillenweg[5], der beim Weinhof Aufreiter[6] beginnt, wo man dich sogar mit einem prall gefüllten Picknick-Rucksack ausstattet. Und wenn dich die Müdigkeit überkommt, bist du im nahe gelegenen Weinhauer Brustbauer[7] herzlich willkommen. Am nächsten Tag kannst du noch die Burgruine Senftenberg[8] und Krems an der Donau besichtigen, bevor du glücklich und satt wieder nach Wien zurückkehrst.

30 km
Entfernung von Wien

Zug
Anreise

Spätsommer
Beste Jahreszeit

1.900 ha
Rebfläche

Scannen und Tour auf Google Maps ansehen

Thermenregion: Vom Thermalbad bis zum Fluchtachterl

THERMENREGION, NÖ

Wasser marsch in *Baden*.

Wir starten unseren Badeausflug passenderweise in Baden bei Wien und steigen dafür in die Badner Bahn.

Nach einem kurzen Abstecher in den wunderschönen Kurpark[1] ist es auch schon Zeit für den ersten Sprung ins Schwefelwasser in der Römertherme[2]. Weil Baden nicht nur gut zum Baden, sondern auch zum Verweilen ist, lohnt sich auch eine Übernachtung – zum Beispiel mit unserem Gutschein im At the Park Hotel Baden[3]. Gut ausgeruht folgen wir am nächsten Tag der Thermenlinie weiter Richtung Süden, um im Thermalbad Vöslau[4] in historische Gewässer einzutauchen. Frisch gewaschen geht es dann nach Gumpoldskirchen[5], das dich mit seinem wunderschönen Ortskern und netten Heurigen begrüßt. Bevor du aber die autochthonen Rebsorten wie Zierfandler und Rotgipfler verkostest, schlendern wir noch den 1. Wiener Wasserleitungsweg[6] entlang oder wandern – wahrscheinlich nicht zum ersten Mal – auf den Anninger[7], quasi der Hausberg der Wiener*innen.

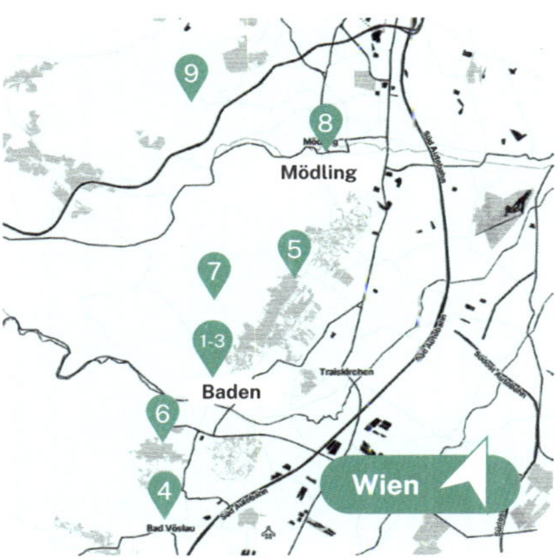

Auf dem Weg zurück nach Wien machen wir noch in Mödling Halt für einen Zwischenstopp im Weingut Pferschy-Seper[8] – das lohnt sich mit unserem Gutschein sogar ganz besonders. Bevor wir die Stadtgrenze wieder überqueren, freuen wir uns am Gießhübl im Gasthaus „Genuss verliebt“[9] dann noch über grasende Schafe und herzhafte Schmankerln.

% Gutscheine auf S. 126 + 175

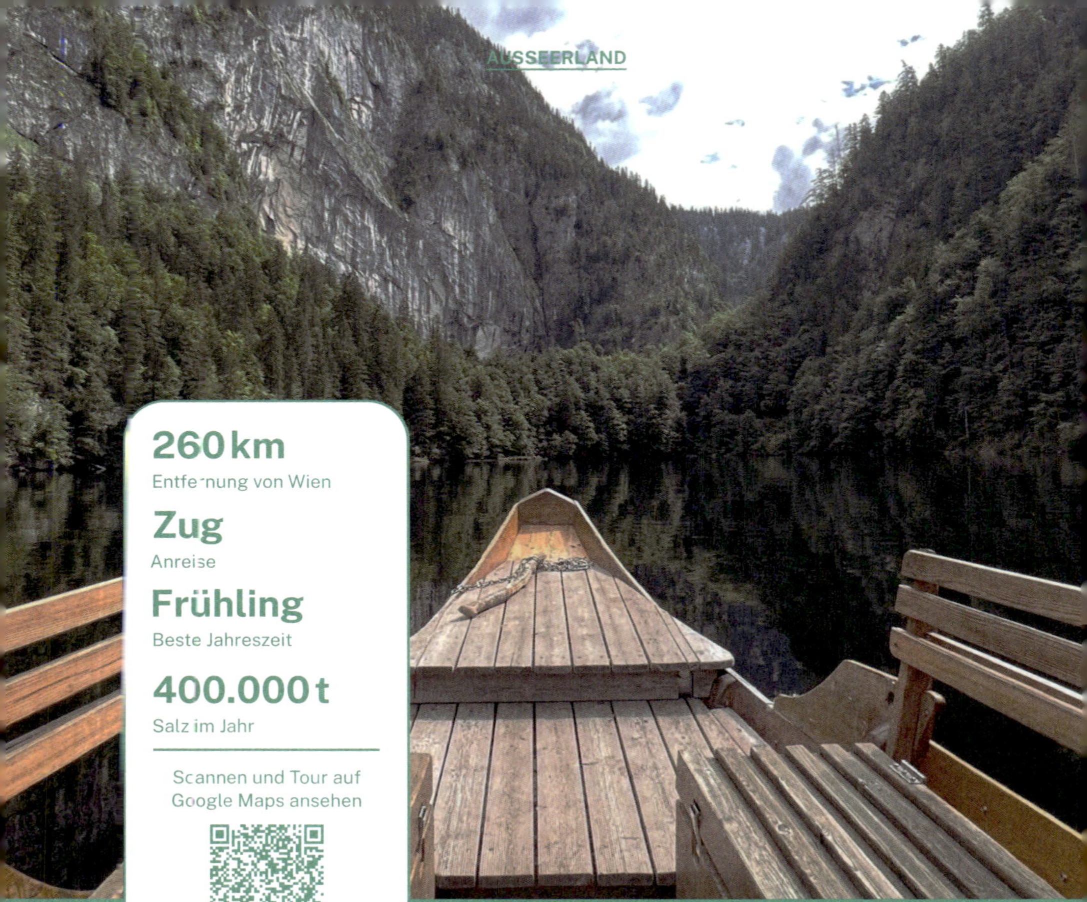

260 km
Entfernung von Wien

Zug
Anreise

Frühling
Beste Jahreszeit

400.000 t
Salz im Jahr

Scannen und Tour auf Google Maps ansehen

Ausseerland: Von Lebkuchen und Plätten-fahrten

AUSSEERLAND, STMK

Endlich am *See* angekommen.

Wenn du das Glitzern des Altausseer Sees in den Augen hast, dann befindest du dich entweder in der Liedzeile eines österreichischen Schlagerhits oder im Ausseerland. Wir hoffen auf Zweiteres: Im Salzkammergut erwarten dich Kulinarik und Kultur, Wasser und Berge.

Du startest deinen Wochenendausflug im Salzkammergut am besten in Bad Aussee und stärkst dich erst mal mit Ausseer Lebkuchen, der süßen kulinarischen Spezialität der Region. Warum das so ist, erklärt dir auch das hauseigene Lebkuchen-Museum[1]. Um endlich zum Glitzern zu kommen, geht es direkt an und um den Altausseer See. Weil Herz und Bauch nach diesem Tag prall gefüllt sind, könnten wir danach direkt ins Bett fallen. Am besten in das der Wasnerin[2], eines unserer allerliebsten Wellnesshotels in Österreich – inklusive Bibliothek, Yoga-Retreats und unfassbar guter Küche, auch für Veganer*innen.

Frisch ausgeruht und gestärkt lässt du dich auf den verschiedenen Wegen der Via Artis[3] an Feriendomizilen zahlreicher Künstler*innen vorbeiführen, die hier auf Sommerfrische Inspiration und Erholung gesucht haben. Alternativ kannst du aber auch mit einem Flättenfahrt-Frühstück[4] auf dem See in den Tag starten und dir auf einem historischen Fischerboot den Bauch vollschlagen.

Und als Abschluss nähern wir uns noch dem (Berg-)Kern der Sache: In den Salzwelten Aussee[5] begibst du dich unter Tage und lernst alles über Österreichs größtes aktives Salzbergwerk.

155 km
Entfernung von Wien

Auto
Anreise

Herbst
Beste Jahreszeit

1.000
Kellerstöckl

Scannen und Tour auf Google Maps ansehen

Südburgenland: Land der Burgen, Schluchten und Kellergassen

SÜDBURGENLAND

Pannonisches Flair.

Funfact: Wenn man von Wien in die Toskana düsen will, sind das nur knapp zwei Stunden Fahrzeit. So schnell ist man nämlich im Südburgenland, wo Kellerviertel und Wanderungen Urlaubsflair versprechen.

Am Dreiländereck Österreich-Ungarn-Slowenien fühlt sich Österreich herrlich mediterran an, wenn Weinreben von Wald- und Wiesenlandschaft umgeben sind. Als Basis für deine Erkundungstouren empfehlen wir Das Eisenberg[1], ein hundefreundliches Hotel, in dem sich Vierbeiner so richtig wohlfühlen, inklusive Napf im Zimmer und abgezäunter Hundezone zum Austoben. Vom Hotel aus führen Wanderungen durch den Wald direkt zum Dreiländereck, und der Wellnessbereich verspricht Entspannung nach langen Tagen voller Entdeckungen.

Der zweite Tag steht ganz im Zeichen des Weins. Besonders malerisch ist das Kellerviertel Heiligenbrunn[2] mit seinen historischen Weinkellern, die teilweise seit dem 18. Jahrhundert in Verwendung sind. Bevor du aber im Reich des Uhudlers versumperst, lohnt sich ein Besuch im Weinmuseum[3] im benachbarten Moschendorf, wo natürlich eine Verkostung der südburgenländischen Sortenvielfalt nicht fehlen darf. Weil Wein ein Produkt seiner Umgebung ist, dürfen natürlich auch ein paar Sehenswürdigkeiten des Südburgenlands nicht fehlen. Der höchste Berg des Bundeslands, der Geschriebenstein[4] mit seinen schwindelerregenden 884 Metern, die mächtige Burg Güssing[5] mit ihrem erloschenen Vulkan und die Willersdorfer Schlucht[6] bei Oberwart sind nur drei davon, aber die haben's in sich.

90 km
Entfernung von Wien

Auto/Zug
Anreise

Herbst
Beste Jahreszeit

865.700 hl
Wein im Jahr

Scannen und Tour auf Google Maps ansehen

Weinviertel: Fast wie Don Quijote, nur mit Grünem Veltliner

WEINVIERTEL, NÖ

Nomen est omen im Weinviertel.

Weinberge, Windmühlen, Wanderwege: Wer ins Weinviertel fährt, darf keine Angst vor Alliterationen haben. Im nordöstlichen Niederösterreich erwarten dich wunderschöne Natur, verrückte Erfindungen und natürlich edle Tropfen.

Wäre Don Quijote durch Niederösterreich geritten, hätten er und Sancho Panza spätestens beim **Windmühlheurigen**[1] in Retz beschlossen, ihre Reise abzubrechen und Winzer zu werden. Noch beeindruckender wird die Region bei einer Führung durch den **Retzer Erlebniskeller**[2], das Labyrinth des größten historischen Weinkellers Österreichs. Die interessanten Fakten bespricht man am besten ausgiebig im Gastgarten – zum Beispiel in jenem vom **Weingut Schüller**[3] in Pillersdorf. Wer sich nach idyllischen Wanderwegen im Wald sehnt, fährt noch nach **Hardegg**[4] weiter bis direkt an die tschechische Grenze. Im nordöstlichen Weinviertel widmen wir uns verrückten Erfindungen und historischen Dörfern: Im **Nonseum**[5] in Herrnbaumgarten findest du all das, wonach du nie gesucht hast.

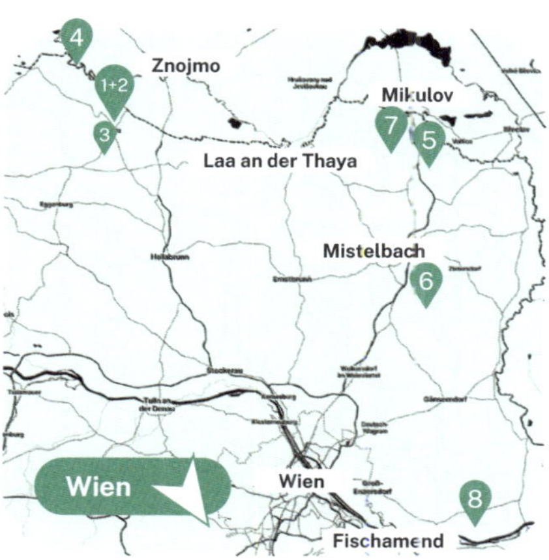

Nach so viel schöner Sinnlosigkeit hast du die Qual der Wahl. Geht es noch historisch weiter ins **Museumsdorf Niedersulz**[6] oder folgt direkt der Weg zurück zur Traube? Denn kein Besuch im Weinviertel ist komplett ohne einen Spaziergang durch eine der zahlreichen Kellergassen. Besonders magisch wird es bei der jährlich im Mai stattfindenden Langen Nacht der **Kellergassen**[7]. Auf dem Rückweg nach Wien machen wir noch im **Schloss Eckartsau**[8] Halt und schlendern über den barrierefreien Rundwanderweg zur Donau.

55 km
Entfernung von Wien

Fahrrad
Anreise

Sommer
Beste Jahreszeit

114 m Seehöhe
Tiefster Punkt Österreichs

Scannen und Tour auf Google Maps ansehen

Rund um den *Neusiedler See:* Von der Steppe in die Therme

NEUSIEDLER SEE, BGLD

Der schönste *Tiefpunkt.*

Der Neusiedler See hat zwar vielleicht nicht das tiefste Wasser des Landes, dafür aber den tiefsten Punkt Österreichs in seiner Umgebung. Und das ist noch lange nicht alles. Von Lavendelduft bis Haubenküche: Die Region Seewinkel spielt alle Stückerl mit Bravour.

Wenn es einen perfekten Fahrrad-Wochenendausflug von Wien aus gibt, dann ist das die Umgebung rund um den Neusiedler See. Die erste Etappe führt ins **Neusiedler**[1], das nicht nur fantastische Burger serviert, sondern auch die vermutlich beste Naturweinkarte des Burgenlands zu bieten hat.

Je nach Wetter geht es danach weiter ins **Strandbad Podersdorf**[2] oder immer der Nase nach auf eine wunderbare Duft-safari bei **Steppenduft**[3]. Für optimale Entspannung checkst du anschließend in die **St. Martins Therme & Lodge**[4] ein und legst im Wellnessbereich die Beine hoch. Tag zwei führt dich am **tiefsten Punkt Österreichs in Apetlon**[5] vorbei, bevor du mit der Radfähre von Illmitz nach Mörbisch übersetzt, um in **Rust**[6] die Störche zu besuchen. Willst du in dem pittoresken Städtchen am See verweilen, mietest du dich in der Pension Drahteselböck ein. Dann könntest du nämlich am Abend noch schauen, was im **CSELLO**[7] in Oslip ansteht. Oder du gönnst dir Haubenküche der Sonderklasse im **taubenkobel**[8] in Schützen. Langweilig wird es hier jedenfalls nicht. Am letzten Tag radeln wir noch gemütlich den **Kirschblütenradweg**[9] rund um Purbach entlang, bevor wir mit dem letzten Zug von Neusiedl am See wieder nach Wien zurückfahren.

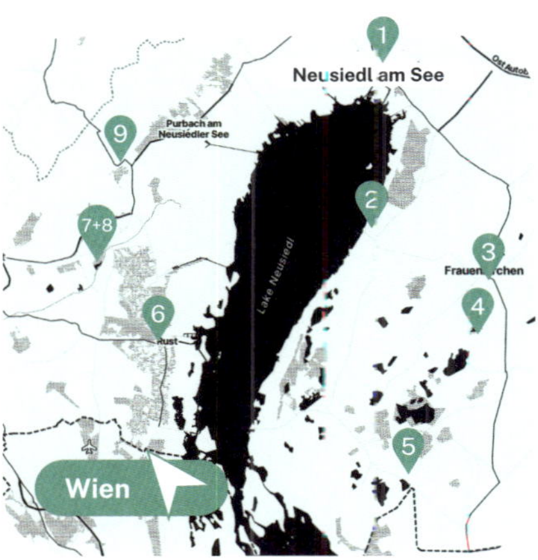

Gutscheine auf S.153, S.163, S.167

170 km
Entfernung von Wien

Auto
Anreise

Herbst
Beste Jahreszeit

40
Vulkane

Scannen und Tour auf Google Maps ansehen

Durchs *Vulkanland:* Schlemmen auf der Route 66

VULKANLAND, STMK

Manufakturen und *Dinosaurier*.

Weil eine Buschenschank gemütlicher ist als der Schachtelwirt und Schinken und Schokolade handgemacht besser schmecken als aus Massenproduktion, verzichten wir auf die Route 66 und düsen lieber die Bundesstraße 66 entlang.

Wir beginnen unseren Trip in der **Zotter Schokoladenmanufaktur**[1]. Wenn es weltweit einen Ort gibt, der sich wie Willy Wonkas Wunderland anfühlt, dann ist das hier in Riegersburg. Auch ohne goldenes Ticket bekommst du einen köstlichen Einblick in die Welt von Kakao und Co. Mit Schokomund fahren wir weiter zur **Weltmaschine von Franz Gsellmann**[2], eine wahnwitzige Konstruktion, die Daniel Düsentrieb nicht besser hinbekommen hätte. Kaum ist die Schokolade verdaut, geht es in der **Vulcano Schinkenmanufaktur**[3] herzhaft weiter und in der **Manufaktur Gölles**[4] deckst du dich mit edlen Bränden und Essig ein.

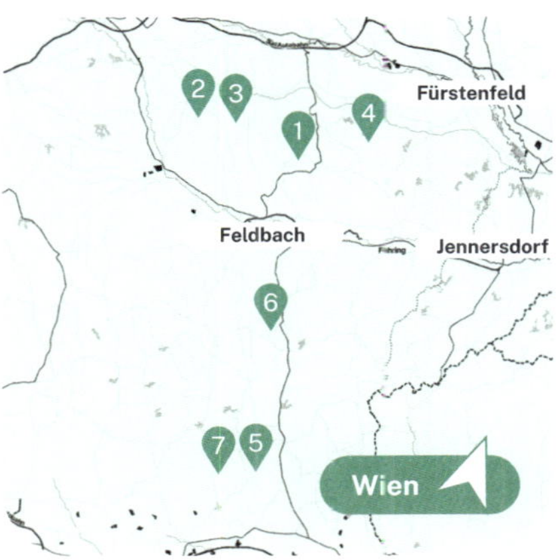

Etwas weiter südlich schaust du am besten in Straden und auf dem **Himmelsberg**[5] vorbei. Auf dem Weg geht sich auch noch ein Zwischenstopp im **Styrassic Park**[6] aus, um dort ein bisschen amerikanisches Entertainment-Feeling zu erleben. Nach einer Stärkung in der **Buschenschank Dunkl**[7] fühlst du dich vielleicht noch motiviert für einen Abstecher zur Südsteirischen Weinstraße – die liegt zwar nicht mehr im Vulkanland, ist aber ein toller Tipp, wenn das Wochenende noch ein bisschen länger dauern soll!

95 km
Entfernung von Wien

Zug
Anreise

Sommer/Winter
Beste Jahreszeit

27,3 km
Tunnel

Scannen und Tour auf Google Maps ansehen

Am *Semmering*: Auf den Spuren des Wiener Wassers

SEMMERING, NÖ

Richtig noble *Ausblicke.*

Die feine Gesellschaft weiß, wo es schön ist: Am Semmering[1] trafen sich Adel und Künstler*innen zur Sommerfrische. Wir folgen den historischen Spuren von Südbahnhotel bis Schneeberg.

Um auf eine Banknote gedruckt zu werden, muss man entweder ziemlich berühmt oder ein Wahrzeichen sein. Der Semmering ist beides: Hierher kam schon Sigmund Freud (50 Schilling), um selbst mal auf der Couch zu liegen, und der 20-Schilling-Blick[2] auf das Kalte-Rinne-Viadukt ist in echt noch schöner als auf Wertpapier. Anreisen musst du unbedingt mit dem Zug über die legendäre Südbahnstrecke, die seit 1998 UNESCO-Weltkulturerbe ist. Für beste Aussicht und besten Kaffee spazierst du vom Bahnhof in die Kaffeehalle Semmering[3] hinauf. Einchecken kannst du im historischen Südbahnhotel[4] derzeit zwar noch nicht, aber es lohnt sich auf alle Fälle, das vielseitige Veranstaltungsprogramm abzuchecken.

Übernachten geht im Hotel Fernblick[5] in St. Corona am Wechsel. Das ist auch ein vorzügliches Basecamp für den nächsten Tag, egal ob du die Wexl Trails[6] mit dem Mountainbike erkundest, die Corona Coaster[7] Sommerrodelbahn hinunterrast, oder in der Hermannshöhle[8] mit Fledermäusen auf Tuchfühlung gehst. Oder du wanderst auf dem 1. Wiener Wasserleitungsweg[9] durch die Schlucht des Höllentals, dem Bahnwanderweg vom Semmering bis Payerbach oder wagst dich an den anspruchsvollen, aber atemberaubenden Aufstieg auf den Schneeberg[10] – mit der historischen Schneebergbahn[11] bist du übrigens in 40 Minuten auf dem Gipfel.

155 km
Entfernung von Wien

Zug
Anreise

Sommer
Beste Jahreszeit

300
Graffitis

Scannen und Tour auf Google Maps ansehen

Auf nach *Linz*: Zu Museen, Stahl und Subkultur

LINZ, OÖ

Ohne *Schnick-schnack* und Klischees.

In Wien lernt man öfter Oberösterreich-er*innen als Wiener*innen kennen. Auch wenn es so scheint, als ob alle Menschen aus dem Bundesland fliehen würden: Ein Wochenendausflug nach Oberösterreich lohnt sich. Wirklich.

Wir beginnen stilecht in der Linzer Landstraße[1], der Hauptarterie der Hauptstadt. Vom Bahnhof aus bist du schnell am OK Linz[2], dem Offenen Kulturhaus, wo die Bandbreite von Kino bis zu (Club-)Kultur reicht. Nach dem Hauptplatz stehst du schließlich vor der Nibelungenbrücke und kannst dich entscheiden: auf der Donaulände[3] chillen und das Lentos Kunstmuseum[4] besuchen oder auf die Urfahr-Seite wechseln und im Ars Electronica Center[5] die Technik von übermorgen bestaunen. Moderne Kunst im öffentlichen Raum gibt es am Mural Harbor[6] mit über 300 Graffiti-Kunstwerken. Der Abend beginnt am besten in der Tabakfabrik[7], bevor man sich in den Posthof[8] zu einem Konzert aufmacht oder im Salonschiff Fräulein Florentine[9] die Nacht mit ein paar guten Drinks einläutet.

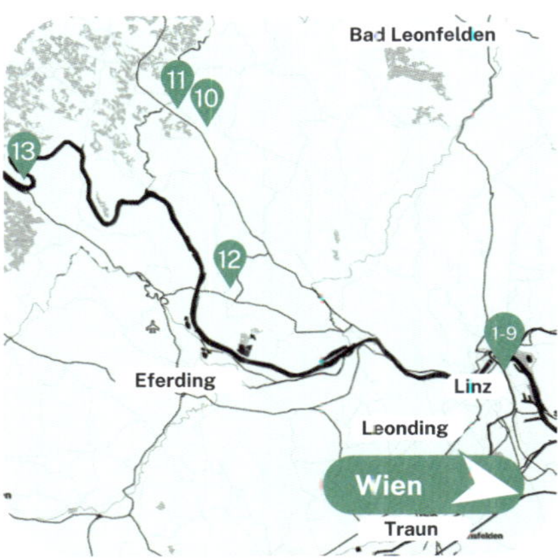

Auch das Linzer Umland kann sich sehen lassen. In Neufelden im Mühlviertel kocht Philip Rachinger von der Healthy Boy Band auf höchstem Niveau im Mühltalhof[10]. Und im Granithochland sagen sich nicht nur Fuchs und Hase Gute Nacht, im Hopfen und Schmalz[11] treffen auch Stelze und Sushi aufeinander – und das funktioniert außergewöhnlich gut. Am nächsten Tag wanderst du zum Wachwerden durchs Pesenbachtal[12] oder bewunderst noch die Schlögener Schlinge[13], bevor es über die Westautobahn wieder nach Wien zurückgeht.

200 km
Entfernung von Wien

Zug
Anreise

Immer
Beste Jahreszeit

Kernöl
mit Vanilleeis

Scannen und Tour auf Google Maps ansehen

Auf nach *Graz*: Zwischen Monarchie und Moderne

GRAZ, STMK

Grün, grätzelig und *groovy.*

Graz kann's: Südliches Flair, Kultur, Museen und der über der Stadt thronende Schlossberg sorgen für Urlaubsfeeling ab dem ersten Espresso.

Wir empfehlen zum entspannten Ankommen aber ein anderes Heißgetränk: In dem geschmackvoll eingerichteten Vintage-Traum von **Omas Teekanne**[1] kannst du nicht nur abwarten und Tee trinken, sondern die upgecycelte Keramik auch kaufen und beim Lindy-Hop-Workshop das Tanzbein schwingen. Anschließend spazierst du weiter ins **Kunsthaus**[2] oder an der Mur entlang bis zum Lendplatz, nur um im süßen Garten vom **Lenz im Lend**[3] hängenzubleiben. Vorzüglich speisen kannst du in der **Scherbe**[4] oder im **aiola upstairs**[5]. Zweiteres liegt am Schlossberg und bietet einen tollen Ausblick. Rasant abwärts geht's dann auch noch mit der **Schlossbergrutsche**[6], der höchsten Indoor-Rutsche der Welt. Im **Museum der Wahrnehmung**[7] gibst du dich optischen Täuschungen hin oder floatest im Samadhi-Bad im Untergeschoss.

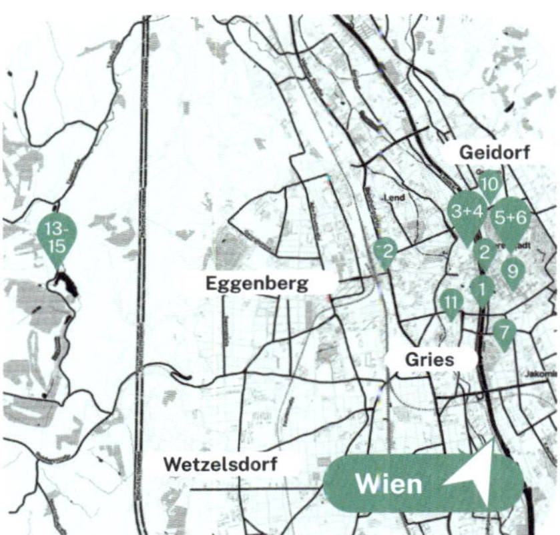

Dann ist es aber endlich Zeit für einen Aperitivo: Du startest im **Ciccio**[8] und lässt dich im Anschluss in Richtung **Katze-Katze**[9] treiben, wo Cocktails und DJ-Sets serviert werden. Und wer gar nicht ins Bett will, schaut, was im **SUb**[10] oder in der **Postgarage**[11] ansteht. Egal, wie lang die Nacht wird: Die gemütlichen Betten und das köstliche Frühstück im **Hotel Daniel**[12] bringen dich sofort wieder in Schwung für einen Ausflug raus aus der Stadt. Denn das **Arnold Schwarzenegger Museum**[13] über den vielleicht berühmtesten Steirer sollte man genauso wenig verpassen wie den **Thalersee**[14] inklusive hippem **Café**[15].

70 km
Entfernung von Wien

Schiff
Anreise

Frühling/Herbst
Beste Jahreszeit

1
Ufos

Scannen und Tour auf Google Maps ansehen

Auf nach *Bratislava:* Ein Wochenende bei der Nachbarin

BRATISLAVA, SVK

Burgen und Bistros.

In Bratislava schreibt sich das junge, urbane Flair in die geschichtsträchtigen Gassen der Altstadt ein. Entdecken kannst du hier also einiges, von Vintage-Schätzen bis zum Gewusel in der Markthalle.

Wie du die knapp 70 Kilometer zwischen Wien und Bratislava überwindest, überlassen wir dir – von Bahn, Auto, Rad bis hin zum Schiff ist wirklich alles möglich. Angekommen in der slowakischen Hauptstadt, ist der Startpunkt unseres Ausflugs die Burg[1], von der du einen ersten Überblick über die Stadt bekommst, bevor du über das alte jüdische Viertel[2] unterhalb der Burg in die Altstadt hineinspazierst. Für Veganer*innen lohnt sich ein Spaziergang in die andere Richtung, in das etwas außerhalb gelegene Balans Bistro[3] für hervorragende vegane Gerichte mit mexikanischem Touch. Treffen kann man sich dann wieder in der Pasteleria Bratislava[4] in einem Innenhof der Altstadt, wo du vom Café bis zum Aperitivo hängen bleibst. Die schicke Unterkunft Boutiquehotel Marrol[5] ist auch gleich ums Eck.

So kulinarisch der erste Tag geendet hat, so köstlich geht es weiter: Wir beginnen im FACH[6], wo sich Bäckerei, Bistro und Juice Factory unter einem Dach treffen. Nach einer Secondhand-Einkaufstour in den Vintage Shops von Textile House[7] geht's in die Alte Markthalle[8] – hier ist immer etwas los. Absoluter Hipster-Treffpunkt ist die Viecha Natural Wine Bar. Mit einem köstlichen Eis von Arthur Gelato[9] in der Hand kannst du zu den Foodtrucks im Medická záhrada[10] spazieren oder dich einfach treiben lassen.

Zeit zum *Abhaken!*

Die Stiegen zum Bahnhof hochgejoggt, gerade noch den Zug erwischt und dann – na geh! Hast du doch glatt das Ladekabel vergessen. Oder deinen Ausweis. Oder Bargeld. Oder deine Sonnenbrille. Oder, oder, oder.

Zu vergessen gibt's genug, daher haben wir dir eine praktische Packliste beigefügt – Monk-gerecht mit Hakerl-Funktion.

Packliste *Weit-wandern*

Du willst Österreich in Etappen erkunden? Hier entlang!

Packliste Winter

KLEIDUNG

- ○ Socken und Unterwäsche
- ○ Skiunterwäsche und Skisocken
- ○ Hosen / Röcke / Kleider
- ○ T-Shirts / Hemden / Blusen
- ○ Skianzug
- ○ warme Pullis
- ○ Pyjama
- ○ Ski-/Snowboardschuhe
- ○ Mütze
- ○ Schal
- ○ Handschuhe

HYGIENE

- ○ Shampoo und Duschgel
- ○ Zahnbürste und Zahnpasta
- ○ Deo
- ○ Rasierer
- ○ Manikürezeug
- ○ Bürste
- ○ Pflaster und Medikamente
- ○ Menstruationsprodukte
- ○ Verhütungsmittel

SONSTIGES

- ○ Bücher / Zeitschriften
- ○ bevorzugtes Wintersportgerät
- ○ Sonnenschutz
- ○ Sonnenbrille

Packliste Sommer

KLEIDUNG

- Unterwäsche
- Socken
- (kurze) Hosen / Kleider / Röcke
- T-Shirts / Hemden / Blusen
- leichte Jacke
- Pyjama

HYGIENE

- Shampoo und Duschgel
- Zahnbürste und Zahnpasta
- Deo
- Rasierer
- Maniküreug
- Bürste
- Pflaster und Medikamente
- Menstruationsprodukte
- Verhütungsmittel

SONSTIGES

- Bücher / Zeitschriften
- Strandtasche
- Sandalen / Flipflops
- Badegewand + Badetuch
- Sonnenschutz und After-Sun
- Sonnenbrille
- Taucherbrille
- Strandtennis-Set
- Schmuck / Accessoires

Packliste *Bade-urlaub*

Es geht ans Wasser? Lade hier deine praktische Packliste herunter.

KAPITEL 7

Gutscheine

Um deine Erlebnisse noch hautnaher zu gestalten, warten hier im letzten Abschnitt des 1000things Erlebnisbuchs über 30 Gutscheine im Gesamtwert von über 700 Euro. Diese unterliegen folgenden Einlösebedingungen:

- Die Gutscheine sind von 23.10.2024 bis 31.12.2025 einlösbar, sofern nicht anders angegeben.
- Eine Barablöse ist nicht möglich.
- Jeder Gutschein ist gegen Aushändigung einmalig einlösbar. Trenn ihn dafür einfach an der vorgesehenen Stelle ab.
- Weiterführende Konditionen des Gutscheins und der Einlösung obliegen dem Partner und sind am jeweiligen Gutschein vermerkt. Am besten, du rufst direkt vorher an, gibst Bescheid, dass du mit dem 1000things Gutschein vorbeikommst und lässt dir ein schönes Platzerl oder einen Slot reservieren.
- Pro Besuch eines Gutschein-Anbieters ist nur ein Gutschein einlösbar. Aber wo es schön ist, da will man sowieso nochmal hin.
- Das gegenseitige Einladen mittels Gutscheinen ist nicht möglich. Rabatte und Gutscheine sind nicht miteinander oder mit anderen kombinierbar.
- 1+1-Gutscheine sind – wenn nicht anders angegeben – nur zu zweit einlösbar.
- 1000things haftet nicht, wenn eine Einlösung des Gutscheins nicht möglich geworden ist, etwa durch Konkurs, Insolvenz oder Verkauf.
- Don't shoot the messenger: 1000things ist nicht für den Gegenstand und die inhaltliche Korrektheit eines Gutscheins verantwortlich.
- Sag am besten gleich bei Ankunft dazu, dass du einen Gutschein aus dem 1000things Erlebnisbuch dabei hast und diesen einlösen willst. Wenn dir als Antwort fragende Gesichter entgegenblicken, hab ein bisschen Nachsicht: Es kann sein, dass gerade neue Mitarbeitende vor Ort sind, die noch nicht auf den Gutschein geschult wurden. Die Geschäftsführung weiß aber in der Regel Bescheid und bei genauerem Nachfragen klärt sich das fix ganz schnell.

Gutschein-Verzeichnis

ALBERTINA Klosterneuburg

AN DER DONAU-AU 1
3400 KLOSTERNEUBURG
+43 (0) 1 534 83 0
ALBERTINA.AT

Kunstgenuss à la ALBERTINA gibt's jetzt auch vor den Toren Wiens: In der ALBERTINA KLOSTERNEUBURG bekommst du künstlerische Highlights der Sammlung ALBERTINA – die übrigens 65.000 Kunstwerke umfasst – zu Gesicht und entdeckst spannende Werke von Künstler*innen wie Andy Warhol, Roy Lichtenstein und Maria Lassnig.

Skulpturen im Fokus: Plane unbedingt Zeit ein, um die Werke von Erwin Wurm, Jonathan Meese und Marc Qinn zu bestaunen.

1+1
gratis Eintritt

Einlösbar bis 31.12.2025

1000 THINGS

Dein Erlebnis:

ALBERTINA Klosterneuburg

Einlösbar während der Öffnungszeiten: DO bis SO, 10–18 Uhr.
Es gelten die Einlösebedingungen des 1000things Erlebnisbuchs 2025.

Du brauchst noch mehr Infos? Hier geht's zur Website!

1000 THINGS

1000things.at/erlebnisbuch

Viel Spaß bei diesem *Erlebnis!*

Einlösbar während der Öffnungszeiten: DO bis SO, 10–18 Uhr.
Es gelten die Einlösebedingungen des 1000things Erlebnisbuchs 2025.

So war's in der *ALBERTINA* Klosterneuburg

DATUM

Ich war dort mit: ______________________

____

____

Das hab ich probiert:

____

Mein Senf dazu:

____

Mein persönliches Highlight:

____

Sternebewertung:

SERVICE ☆☆☆☆☆
AMBIENTE ☆☆☆☆☆
GESCHMACK ☆☆☆☆☆
PREIS/LEISTUNG ☆☆☆☆☆

Nochmal?

○ JA ○ NEIN ○ VIELLEICHT

Althof Retz – Landgut & SPA

ALTHOFGASSE 14
2070 RETZ
+43 (0) 2942 3711
ALTHOF.AT

Dass Wein und Wellness ein absolutes Dreamteam sind, ist kein Geheimnis. Und wo könnte man diesen doppelten Genuss besser erleben als im Weinviertel im Althof Retz? Hier kannst du nicht nur wunderbar im VinoSpa zur Ruhe kommen, sondern auch die größte regionale Wein- und Winzer*innenvielfalt Niederösterreichs genießen.

Unser Highlight: der Infinitypool am Dach des VinoSpa mit traumhaftem Blick auf die Weinberge und die Retzer Wahrzeichen.

10 %

Rabatt auf den tagesaktuellen Zimmerpreis

Einlösbar bis 31.12.2025

Dein Erlebnis:

Althof Retz – Landgut & Spa

Gutschein einlösbar ab zwei Übernachtungen (ausgenommen Silvester, Retzer Weintage, Weinlese- & Kürbisfest). Nicht gültig auf Packages. Es gelten die Einlösebedingungen des 1000things Erlebnisbuchs 2025.

Du brauchst noch mehr Infos? Hier geht's zur Website!

1000 THINGS

1000things.at/erlebnisbuch

Viel Spaß bei diesem *Erlebnis!*

Gutschein einlösbar ab zwei Übernachtungen (ausgenommen Silvester, Retzer Weintage, Weinlese-& Kürbisfest). Nicht gültig auf Packages. Es gelten die Einlösebedingungen des 1000things Erlebnisbuchs 2025.

So war's im *Althof Retz* – Landgut & SPA

DATUM

Ich war dort mit: ______________________

____

____

Das hab ich probiert:

____

Mein Senf dazu:

____

Mein persönliches Highlight:

____

Sternebewertung:

SERVICE ☆ ☆ ☆ ☆ ☆

AMBIENTE ☆ ☆ ☆ ☆ ☆

GESCHMACK ☆ ☆ ☆ ☆ ☆

PREIS/LEISTUNG ☆ ☆ ☆ ☆ ☆

Nochmal?

○ JA ○ NEIN ○ VIELLEICHT

ANKKURI Restaurant

SEEPARK-FERIENDORF 1
7121 WEIDEN AM SEE
+43 (0) 2167 43 434 0
ANKKURI.AT

Wirf den Anker aus und mach Halt im ANKKURI am Ufer des Neusiedler Sees. Im Abendrestaurant des Boutique-Hotels NILS am See genießt du ein sorgfältig ausgewähltes 4-Gänge-Menü in traumhafter Sonnenuntergangsstimmung. Wald, Wiese und See treffen in den kreativen Gerichten aufeinander und garantieren dir saisonale und regionale Gaumenfreuden.

Fad wird's garantiert nicht im ANKKURI, denn alle zwei Monate erwartet dich hier ein völlig neues Menü.

Gratis

2x Gläser Prosecco

Einlösbar bis 31.12.2025

Dein Erlebnis:

ANKKURI Restaurant

Einlösbar im Abendrestaurant ANKKURI, täglich von 18.30 bis 22 Uhr. Um Reservierung wird gebeten. Es gelten die Einlösebedingungen des 1000things Erlebnisbuchs 2025.

Du brauchst noch mehr Infos? Hier geht's zur Website!

1000 THINGS

1000things.at/erlebnisbuch

Viel Spaß bei diesem *Erlebnis!*

Einlösbar im Abendrestaurant ANKKURI, täglich von 18.30 bis 22 Uhr. Um Reservierung wird gebeten. Es gelten die Einlösebedingungen des 1000things Erlebnisbuchs 2025.

So war's im *ANKKURI* Restaurant

DATUM

Ich war dort mit:

Das hab ich probiert:

Mein Senf dazu:

Mein persönliches Highlight:

Sternebewertung:

SERVICE

AMBIENTE

GESCHMACK

PREIS/LEISTUNG

Nochmal?

JA NEIN VIELLEICHT

At the Park Hotel

KAISER FRANZ-RING 5
2500 BADEN
+43 (0) 2252 44386
ATTHEPARK.AT

Wohlfühlmomente in der Kaiserstadt gefällig? Dann auf ins At the Park Hotel. Hier genießt du ein köstliches Frühstück mit traumhaftem Ausblick auf den Kurpark und das Casino Baden. Entspannung pur wartet im hoteleigenen Wellnessbereich mit Sauna, Ruheraum und ergonomischen Liegen auf dich.

– 10 %

auf 1 Nacht für 2 im DZ Deluxe (oder höher) + Frühstück

Einlösbar bis 31.12.2025

1000 THINGS

Dein Erlebnis:

At the Park Hotel

Nicht im Zeitraum von 22. Dezember bis 1. Jänner einlösbar.
Es gelten die Einlösebedingungen des 1000things Erlebnisbuchs 2025.

Du brauchst noch mehr Infos? Hier geht's zur Website!

1000 THINGS

1000things.at/erlebnisbuch

Viel Spaß bei diesem *Erlebnis!*

Nicht im Zeitraum von 22. Dezember bis 1. Jänner einlösbar.
Es gelten die Einlösebedingungen des 1000things Erlebnisbuchs 2025.

So war's im *At the Park* Hotel

DATUM

Ich war dort mit: ____________________

____

____

Das hab ich probiert:

____

Mein Senf dazu:

____

Mein persönliches Highlight:

____

Sternebewertung:

SERVICE ☆☆☆☆☆
AMBIENTE ☆☆☆☆☆
GESCHMACK ☆☆☆☆☆
PREIS/LEISTUNG ☆☆☆☆☆

Nochmal?

○ JA ○ NEIN ○ VIELLEICHT

Bauernspeis

WAGRAM AN DER DONAU 39
2304 WAGRAM AN DER DONAU
+43 (0) 699 11309937
BAUERNSPEIS.NET

Frühstück wie bei Oma: In der Bauernspeis warten saisonale und regionale Köstlichkeiten, selbstgebackene Mehlspeisen und sogar Specialty Coffee. Schlemm dich durch, vom Schnittlauchbrot bis zu süßen Waffeln.

Und das Beste: Alles, was auf dem Frühstücksteller landet, kann man im Hofladen gleich mitnehmen.

Tipp: Besuche die Bauernspeis zur Erdbeerzeit im Mai oder Juni für sonnengereifte Freilanderdbeeren aus dem Eigenanbau.

1+1

gratis Heißgetränk und Frühstücksgericht oder Mehlspeise

Einlösbar bis 31.12.2025

Dein Erlebnis:

Bauernspeis

Gültig auf Getränke und Speisen der Karte ohne Zusatzbestellung.
Es gelten die Einlösebedingungen des 1000things Erlebnisbuchs 2025.

Du brauchst noch mehr Infos? Hier geht's zur Website!

1000 THINGS

1000things.at/erlebnisbuch

Viel Spaß bei diesem *Erlebnis!*

Gültig auf Getränke und Speisen der Karte ohne Zusatzbestellung.
Es gelten die Einlösebedingungen des 1000things Erlebnisbuchs 2025.

So war's in der *Bauernspeis*

DATUM

Ich war dort mit: ______________________

____

____

Das hab ich probiert:

____

Mein Senf dazu:

____

Mein persönliches Highlight:

____

Sternebewertung:

SERVICE ☆ ☆ ☆ ☆ ☆

AMBIENTE ☆ ☆ ☆ ☆ ☆

GESCHMACK ☆ ☆ ☆ ☆ ☆

PREIS/LEISTUNG ☆ ☆ ☆ ☆ ☆

Nochmal?

○ JA ○ NEIN ○ VIELLEICHT

Burgruine *Aggstein*

KUENRINGERSTRASSE 13
3394 AGGSBACH DORF
+43 (0) 275 38228-1
RUINEAGGSTEIN.AT

Lust darauf, die grauen Zellen mal so richtig zum Glühen zu bringen? Der hauseigene Burggeist steht schon mit einer abenteuerlichen Aufgabe bereit: Schnapp dir deine Lieblingsmenschen und stell deine detektivischen Fähigkeiten beim Outdoor-Escape-Room auf der Burgruine Aggstein unter Beweis.

Hilf dem Burggeist Aggi dabei, die Ordnung auf der Burgruine Aggstein wiederherzustellen.

10 €

Rabatt auf ein Outdoor-Escape-Spiel

Einlösbar bis 31.12.2025

Dein Erlebnis:

Burgruine *Aggstein*

Legenden von Aggstein von Montag bis Sonntag zwischen 9 und 16 Uhr. Online-Buchung möglich. Reservierung nicht erforderlich. Der Gutschein ist am Spieltag vor Beginn abzugeben. Es gelten die Einlösebedingungen des 1000things Erlebnisbuchs 2025.

Du brauchst noch mehr Infos? Hier geht's zur Website!

1000 THINGS

1000things.at/erlebnisbuch

Viel Spaß bei diesem *Erlebnis!*

Legenden von Aggstein von Montag bis Sonntag zwischen 9 und 16 Uhr. Online-Buchung möglich, Reservierung nicht erforderlich. Der Gutschein ist am Spieltag vor Beginn abzugeben.
Es gelten die Einlösebedingungen des 1000things Erlebnisbuchs 2025.

So war's in der Burgruine *Aggstein*

DATUM

Ich war dort mit: ____________________

Das hab ich probiert:

Mein Senf dazu:

Mein persönliches Highlight:

Sternebewertung:

SERVICE ☆ ☆ ☆ ☆ ☆

AMBIENTE ☆ ☆ ☆ ☆ ☆

GESCHMACK ☆ ☆ ☆ ☆ ☆

PREIS/LEISTUNG ☆ ☆ ☆ ☆ ☆

Nochmal?

○ JA ○ NEIN ○ VIELLEICHT

Escape Haus Traismauer

RITTERSFELDER STRASSE 15
3133 TRAISMAUER
+43 (0) 670 2041314
ESCAPEHAUS.NET

Vergiss Zombies, Vampire und Aliens! Im Escape Haus Traismauer erlebst du die realistischsten Abenteuer überhaupt, denn sie basieren auf einer wahren Begebenheit. Tauche ein in spannende Räume, löse knifflige Rätsel und werde selbst Teil einer wahren Geschichte.

Schnapp dir bis zu fünf deiner besten Detektiv-kolleg*innen und stellt euch gemeinsam den Rätseln im Escape Haus Traismauer!

10 €

Rabatt auf alle Escape Rooms

Einlösbar bis 31.12.2025

1000 THINGS

Dein Erlebnis:

Escape Haus Traismauer

Online einlösbar unter Angabe von EH1000Things im Feld Gutscheincode. Gültig einmal pro Person und Buchung bis 31.12.2025. Der Gutschein ist am Spieltag vor Beginn abzugeben. Es gelten die Einlösebedingungen des 1000things Erlebnisbuchs 2025.

Du brauchst noch mehr Infos? Hier geht's zur Website!

1000 THINGS

1000things.at/erlebnisbuch

Viel Spaß bei diesem *Erlebnis!*

Online einlösbar unter Angabe von EH1000Things im Feld Gutscheincode. Gültig einmal pro Person und Buchung bis 31.12.2025. Der Gutschein ist am Spieltag vor Beginn abzugeben. Es gelten die Einlösebedingungen des 1000things Erlebnisbuchs 2025.

So war's im *Escape Haus* Traismauer

DATUM

Ich war dort mit: ______________________

____

____

Das hab ich probiert:

____

Mein Senf dazu:

____

Mein persönliches Highlight:

____

Sternebewertung:

SERVICE ☆ ☆ ☆ ☆ ☆

AMBIENTE ☆ ☆ ☆ ☆ ☆

GESCHMACK ☆ ☆ ☆ ☆ ☆

PREIS/LEISTUNG ☆ ☆ ☆ ☆ ☆

Nochmal?

○ JA ○ NEIN ○ VIELLEICHT

Falkensteiner Stegersbach

PANORAMAWEG 1
7551 STEGERSBACH
+43 (0) 33265 5155
FALKENSTEINER.COM/
BALANCE-RESORT-STEGERSBACH

Natur, Gesundheit und Balance: Dieses Trio der Erholung erwartet dich im Falkensteiner Balance Resort Stegersbach. Das Adults-only-Schmuckstück im Südburgenland ist der perfekte Ort, um mal wieder so richtig zu entspannen – egal, ob im Spa-Bereich, im Permakultur-Garten oder bei einer Partie Golf.

Absolutes Highlight: das 2.700 Quadratmeter große Aquapura SPA mit zwei Infinitypools, Saunalandschaft, Whirlpool und Ruheräumen.

100 €
Urlaubsgutschein

Einlösbar bis 31.12.2025

Dein Erlebnis:

Falkensteiner Stegersbach

Gültig bei einer Mindestaufenthaltsdauer von drei Nächten. Einlösbar unter www.falkensteiner.com/stegersbach oder gegen Vorlage dieses Gutscheins beim Check-in im Falkensteiner Balance Resort Stegersbach. Es gelten die Einlösebedingungen des 1000things Erlebnisbuchs 2025.

Du brauchst noch mehr Infos? Hier geht's zur Website!

1000 THINGS

1000things.at/erlebnisbuch

Viel Spaß bei diesem *Erlebnis!*

Gültig bei einer Mindestaufenthaltsdauer von drei Nächten. Einlösbar unter www.falkensteiner.com/stegersbach oder gegen Vorlage dieses Gutscheins beim Check-in im Falkensteiner Balance Resort Stegersbach. Es gelten die Einlösebedingungen des 1000things Erlebnisbuchs 2025.

So war's im *Falkensteiner* Stegersbach

DATUM

Ich war dort mit: ______________________

____

____

Das hab ich probiert:

____

Mein Senf dazu:

____

Mein persönliches Highlight:

____

Sternebewertung:

SERVICE	☆ ☆ ☆ ☆ ☆
AMBIENTE	☆ ☆ ☆ ☆ ☆
GESCHMACK	☆ ☆ ☆ ☆ ☆
PREIS/LEISTUNG	☆ ☆ ☆ ☆ ☆

Nochmal?

○ JA ○ NEIN ○ VIELLEICHT

FLIP LAB Schwechat

MÖHRINGGASSE 2–4
2320 SCHWECHAT
+43 (0) 2266 033
FLIPLAB.AT/SCHWECHAT

Im FLIP LAB Schwechat gibt es vieles, nur keine Schwerkraft. Echte Höhenflüge erlebst du hier auf 2.500 Quadratmetern und über 60 Trampolinen. Egal ob du in der High Performance Zone so richtig Gas gibst, deine Geschicklichkeit in der Dodgeball Zone unter Beweis stellst oder dich in der Bungee Zone fallen lässt – fad wird's fix nicht!

In ganzen elf verschiedenen Zonen wartet im FLIP LAB Action pur!

So war's im *FLIP LAB* Schwechat

DATUM

Ich war dort mit: ______________________

____

____

Das hab ich probiert:

____

Mein Senf dazu:

____

Mein persönliches Highlight:

____

Sternebewertung:

SERVICE ☆ ☆ ☆ ☆ ☆
AMBIENTE ☆ ☆ ☆ ☆ ☆
GESCHMACK ☆ ☆ ☆ ☆ ☆
PREIS/LEISTUNG ☆ ☆ ☆ ☆ ☆

Nochmal?

○ JA ○ NEIN ○ VIELLEICHT

Hotel Burg *Bernstein*

SCHLOSSWEG 1
7434 BERNSTEIN
+43 (0) 3 354 6382
BURGBERNSTEIN.AT

Zeitreise gefällig? Auf der Burg Bernstein erlebst du 800 Jahre Geschichte hautnah, trittst in die Fußstapfen des Wüstenforschers und Piloten László Almásy und entdeckst einen der ältesten lebenden Rosskastanienbäume der Welt. Tauche ein in vergangene Jahrhunderte bei traumhafter Aussicht über die Bucklige Welt.

Bleib gern ein bisschen länger und gönn dir eine Auszeit in einem der neun liebevoll restaurierten Gästezimmer.

1 + 1
gratis Burgführung

Einlösbar bis 31.12.2025

Dein Erlebnis:

Hotel Burg *Bernstein*

Führungen finden von 30. April bis 5. Oktober, Mittwoch bis Sonntag und an Feiertagen statt. Bitte beachte die Ausnahmen auf www.burgbernstein.at. Es gelten die Einlösebedingungen des 1000things Erlebnisbuchs 2025.

Du brauchst noch mehr Infos? Hier geht's zur Website!

1000 THINGS

1000things.at/erlebnisbuch

Viel Spaß bei diesem *Erlebnis!*

Führungen finden von 30. April bis 5. Oktober, Mittwoch bis Sonntag und an Feiertagen statt. Bitte beachte die Ausnahmen auf www.burgbernstein.at. Es gelten die Einlösebedingungen des 1000things Erlebnisbuchs 2025.

So war's auf der Hotel Burg *Bernstein*

DATUM

Ich war dort mit: ______

Das hab ich probiert:

Mein Senf dazu:

Mein persönliches Highlight:

Sternebewertung:

SERVICE ☆ ☆ ☆ ☆ ☆

AMBIENTE ☆ ☆ ☆ ☆ ☆

GESCHMACK ☆ ☆ ☆ ☆ ☆

PREIS/LEISTUNG ☆ ☆ ☆ ☆ ☆

Nochmal?

○ JA ○ NEIN ○ VIELLEICHT

Hotel *Drahteselböck*

DORFMEISTERGASSE 21
7071 RUST AM SEE
+43 (0) 2685 301
DRAHTESELBOECK.COM

Das Hotel Drahteselböck ist der perfekte Ort, um einmal mehrere Gänge zurückzuschalten. Starte mit einem feinen regionalen Bio-Frühstück in den Tag, lehne dich im idyllischen Garten zurück und hol dir im Pool die nötige Abkühlung. Oder schnapp dir einen Picknickkorb, tritt in die Pedale und erkunde die malerische Weingegend.

So richtig gemütlich wirds in der hauseigenen Knautschzone mit regionalen Weinen, verschiedenen Drinks und bequemen Polstermöbeln.

10%

Rabatt auf 1 Nacht im Retro-Doppelzimmer inkl. Bio-Frühstück

Einlösbar bis 31.12.2025

Dein Erlebnis:

Hotel *Drahteselböck*

Der Gutschein ist für eine Übernachtung gültig. Die Einlösung des Gutscheins unterliegt der Verfügbarkeit, ohne Vorlage des Gutscheins kann die Ermäßigung nicht gewährt werden. Der Gutschein kann nicht in Verbindung mit Firmen-oder Gruppenbuchungen verwendet werden. Es gelten die allgemeinen Stornierungsbedingungen des Hotel Drahteselböck und die Einlösebedingungen des 1000things Erlebnisbuchs 2025.

Du brauchst noch mehr Infos? Hier geht's zur Website!

1000 THINGS

1000things.at/erlebnisbuch

Viel Spaß bei diesem *Erlebnis!*

Der Gutschein ist für eine Übernachtung gültig. Die Einlösung des Gutscheins unterliegt der Verfügbarkeit, ohne Vorlage des Gutscheins kann die Ermäßigung nicht gewährt werden. Der Gutschein kann nicht in Verbindung mit Firmen-oder Gruppenbuchungen verwendet werden. Es gelten die allgemeinen Stornierungsbedingungen des Hotel Drahteselböck und die Einlösebedingungen des 1000things Erlebnisbuchs 2025.

So war's im *Hotel* Drahteselböck

DATUM

Ich war dort mit: ____________________

____

____

Das hab ich probiert:

____

Mein Senf dazu:

____

Mein persönliches Highlight:

____

Sternebewertung:

SERVICE ☆ ☆ ☆ ☆ ☆

AMBIENTE ☆ ☆ ☆ ☆ ☆

GESCHMACK ☆ ☆ ☆ ☆ ☆

PREIS/LEISTUNG ☆ ☆ ☆ ☆ ☆

Nochmal?

○ JA ○ NEIN ○ VIELLEICHT

Jumpin Warrior

SCS MULTIPLEXX
2351 WIENER NEUDORF
+43 (0) 2236 374047
JUMPIN-WARRIOR.AT

Energiebündel vor den Vorhang: Bei Jumpin Warrior kannst du dich im größten Ninja-Warrior-Park Österreichs einmal so richtig austoben. Auf 2.500 m² Fläche erwarten dich über 60 Ninja-Hindernisse, an denen du Mut und Geschicklichkeit unter Beweis stellen kannst. Ultimative Adrenalinkicks holst du dir außerdem bei verschiedenen Trampolin-Abenteuern.

Spaß für die ganze Familie: Schon ab sechs Jahren können Kids mit Begleitperson zu echten Jumpin Warriors werden.

So war's im *Jumpin Warrior*

DATUM

Ich war dort mit:

Das hab ich probiert:

Mein Senf dazu:

Mein persönliches Highlight:

Sternebewertung:

SERVICE ☆☆☆☆☆
AMBIENTE ☆☆☆☆☆
GESCHMACK ☆☆☆☆☆
PREIS/LEISTUNG ☆☆☆☆☆

Nochmal?

○ JA ○ NEIN ○ VIELLEICHT

K'Eck Café

WIENERSTRASSE 33
2352 GUMPOLDSKIRCHEN
+43 (0) 699 1724 3022
KECKCAFE.AT

Ein Spaziergang durch die malerischen Weingärten von Gumpoldskirchen lohnt sich – und das gleich doppelt. Denn hier kannst du nicht nur die schöne Landschaft genießen, sondern auch ein Häferl Kaffee und eine hausgemachte Mehlspeise im K'Eck Café. Gönn dir eine Pause und lass dich von den Backkünsten der Inhaberin Katrin verzaubern.

Du hast Grund zu feiern? Im K'Eck Café bekommst du handgefertigte Motivtorten für jeden Anlass.

Dein Erlebnis:

K'Eck Café

Einlösbar im K'Eck Café zu den Öffnungszeiten, siehe Website.
Es gelten die Einlösebedingungen des 1000things Erlebnisbuchs 2025.

1 + 1
gratis Kaffee & Kuchen

Einlösbar bis 31.12.2025

Du brauchst noch mehr Infos? Hier geht's zur Website!

1000 THINGS

1000things.at/erlebnisbuch

Viel Spaß bei diesem *Erlebnis!*

Einlösbar im K'Eck Café zu den Öffnungszeiten, siehe Website.
Es gelten die Einlösebedingungen des 1000things Erlebnisbuchs 2025.

So war's im *K'Eck* Café

DATUM

Ich war dort mit: ______________________

____

____

Das hab ich probiert:

____

Mein Senf dazu:

____

Mein persönliches Highlight:

____

Sternebewertung:

SERVICE ☆ ☆ ☆ ☆ ☆

AMBIENTE ☆ ☆ ☆ ☆ ☆

GESCHMACK ☆ ☆ ☆ ☆ ☆

PREIS/LEISTUNG ☆ ☆ ☆ ☆ ☆

Nochmal?

○ JA ○ NEIN ○ VIELLEICHT

Kittenberger *Erlebnisgärten*

LAABERGSTRASSE 15
3553 SCHILTERN BEI LANGENLOIS
+43 (0) 2734 8228
KITTENBERGER.AT

Die Kittenberger Erlebnisgärten locken mit über 50 individuell gestalteten, inspirierenden Themengärten auf 60.000 m². Lass dich verzaubern vom bunten Blütenmeer, kreativen Gartengestaltungsideen, unvergesslichen Plätzen mit traumhaften Ein- und Ausblicken sowie deinem Gartenerlebnis für alle Sinne.

Zusätzlich zur Welt der Pflanzen triffst du auf tierische Freunde wie Alpakas, Ponys und Ziegen.

1 + 1

gratis Eintritt in die Kittenberger Erlebnisgärten

Einlösbar bis 31.12.2025

Dein Erlebnis:

Kittenberger *Erlebnisgärten*

Nur einlösbar von 15. März bis 30. April 2025 und von 1. September bis 31. Oktober 2025. Es gelten die Einlösebedingungen des 1000things Erlebnisbuchs 2025.

Du brauchst noch mehr Infos? Hier geht's zur Website!

1000 THINGS

1000things.at/erlebnisbuch

Viel Spaß bei diesem *Erlebnis!*

Nur einlösbar von 15. März bis 30. April 2025 und von 1. September bis 31. Oktober 2025. Es gelten die Einlösebedingungen des 1000things Erlebnisbuchs 2025.

So war's in den Kittenberger *Erlebnisgärten*

DATUM

Ich war dort mit:

Das hab ich probiert:

Mein Senf dazu:

Mein persönliches Highlight:

Sternebewertung:

SERVICE

AMBIENTE

GESCHMACK

PREIS/LEISTUNG

Nochmal?

JA NEIN VIELLEICHT

LOISIUM WeinWelt

LOISIUM-ALLEE 1
3550 LANGENLOIS
+43 (0) 2734 322 400
LOISIUM.COM/WEINWELT

In der LOISIUM WeinWelt tauchst du ins vinophile Universum ein – und zwar wortwörtlich. Mit den Konzepten under, in und above the ground erlebst du sowohl mystische Weinkeller als auch grandiose Ausblicke über die Weingärten und verfolgst den Weg der Traube bis zur Verkostung.

Familientipp: Bei der Kellertour für Kids begibst du dich mit den Kellermäusen Frida und Fridolin auf die Spuren ihrer Urahnen.

1 + 1

gratis Ticket für die Kellertour & 10 % Rabatt auf (W)Einkäufe

Einlösbar bis 31.12.2025

Dein Erlebnis:

LOISIUM WeinWelt

Einmalig einlösbar zu den Öffnungszeiten: loisium.com/weinwelt. Gutschein beinhaltet die Kellertour mit interaktivem Audioguide. Rabatt in der LOISIUM Vinothek Langenlois; ausgenommen Aktionsware. Es gelten die Einlösebedingungen des 1000things Erlebnisbuchs 2025.

Du brauchst noch mehr Infos? Hier geht's zur Website!

1000 THINGS

1000things.at/erlebnisbuch

Viel Spaß bei diesem *Erlebnis!*

Einmalig einlösbar zu den Öffnungszeiten; loisium.com/weinwelt. Gutschein beinhaltet die Kellertour mit interaktivem Audioguide. Rabatt in der LOISIUM Vinothek Langenlois; ausgenommen Aktionsware. Es gelten die Einlösebedingungen des 1000things Erlebnisbuchs 2025.

So war's in der *LOISIUM* WeinWelt

DATUM

Ich war dort mit: ______________________

____

____

Das hab ich probiert:

____

Mein Senf dazu:

____

Mein persönliches Highlight:

____

Sternebewertung:

SERVICE ☆ ☆ ☆ ☆ ☆

AMBIENTE ☆ ☆ ☆ ☆ ☆

GESCHMACK ☆ ☆ ☆ ☆ ☆

PREIS/LEISTUNG ☆ ☆ ☆ ☆ ☆

Nochmal?

○ JA ○ NEIN ○ VIELLEICHT

Designer Outlet Parndorf

DESIGNER-OUTLET-STRASSE
7111 PARNDORF
+43 (0) 2166 36 140
DESIGNEROUTLETPARNDORF.AT

Mitten in der pannonischen Naturregion Neusiedler See lässt das Designer Outlet Parndorf Shoppingherzen höher schlagen. Über 160 Designer-Stores bieten dir hier alles, von Fashion über Schmuck bis hin zu Deko – und das bis zu 70 Prozent günstiger. Tipp: Unbedingt auch die neuesten Food-Trends in der Food Truck Area probieren!

Saisonaler Shoppingspaß: Genieße Aperitivo beim sommerlichen After-Work-Shopping und bestaune die Beleuchtung zur Weihnachtszeit.

Dein Erlebnis:

Designer Outlet Parndorf

Gutschein bei Guest Services für den Passport vorweisen. Reduktion nicht gültig auf bereits vom Outletpreis reduzierte Ware. Die Karte muss vor dem Bezahlen an der Kassa vorgelegt werden und kann nachträglich nicht akzeptiert werden. Es gelten die Einlösebedingungen des 1000things Erlebnisbuchs 2025.

-10 %

Fashion Passport

Einlösbar bis 31.12.2025

Du brauchst noch mehr Infos? Hier geht's zur Website!

1000 THINGS

1000things.at/erlebnisbuch

Viel Spaß bei diesem *Erlebnis!*

Gutschein bei Guest Services für den Passport vorweisen. Reduktion nicht gültig auf bereits vom Outletpreis reduzierte Ware. Die Karte muss vor dem Bezahlen an der Kassa vorgelegt werden und kann nachträglich nicht akzeptiert werden. Es gelten die Einlösebedingungen des 1000things Erlebnisbuchs 2025.

So war's im *Designer Outlet* Parndorf

DATUM

Ich war dort mit: ____________________

____

____

Das hab ich probiert:

____

Mein Senf dazu:

____

Mein persönliches Highlight:

____

Sternebewertung:

SERVICE ☆ ☆ ☆ ☆ ☆

AMBIENTE ☆ ☆ ☆ ☆ ☆

GESCHMACK ☆ ☆ ☆ ☆ ☆

PREIS/LEISTUNG ☆ ☆ ☆ ☆ ☆

Nochmal?

○ JA ○ NEIN ○ VIELLEICHT

Museum *Niederösterreich*

KULTURBEZIRK 5
3100 ST. PÖLTEN
+43 (0) 274 2908 090
MUSEUMNOE.AT

Mit dem Haus für Natur und dem Haus der Geschichte erwarten dich im Museum Niederösterreich spannende Erlebnisse hoch zwei. Neben den Dauerausstellungen zeigen beide Häuser auch immer wieder kreative und interaktive Sonderausstellungen für Groß und Klein. Also: Öfter vorbeischauen lohnt sich!

Entdecke außerdem rund 40 lebende einheimische Tierarten in den Aquarien, Terrarien und im Formicarium des Museums.

1+1 *gratis Museumseintritt*

Einlösbar bis 31.12.2025

Dein Erlebnis:

Museum *Niederösterreich*

Einzulösen an der Kassa Museum Niederösterreich innerhalb der Öffnungszeiten (DI–SO, 9–17 Uhr). Gutschein ist gültig auf das Vollpreisticket. Es gelten die Einlösebedingungen des 1000things Erlebnisbuchs 2025.

Du brauchst noch mehr Infos? Hier geht's zur Website!

1000 THINGS

1000things.at/erlebnisbuch

Viel Spaß bei diesem *Erlebnis!*

Einzulösen an der Kassa Museum Niederösterreich innerhalb der Öffnungszeiten (DI–SO, 9–17 Uhr). Gutschein ist gültig auf das Vollpreisticket. Es gelten die Einlösebedingungen des 1000things Erlebnisbuchs 2025.

So war's im Museum *Niederösterreich*

DATUM

Ich war dort mit: ____________________

____

____

Das hab ich probiert:

____

Mein Senf dazu:

____

Mein persönliches Highlight:

____

Sternebewertung:

SERVICE ☆ ☆ ☆ ☆ ☆

AMBIENTE ☆ ☆ ☆ ☆ ☆

GESCHMACK ☆ ☆ ☆ ☆ ☆

PREIS/LEISTUNG ☆ ☆ ☆ ☆ ☆

Nochmal?

○ JA ○ NEIN ○ VIELLEICHT

PODOBEACH Strandbad

STRANDPLATZ
7141 PODERSDORF AM SEE
+43 (0) 2177 2227
PODOBEACH.AT

Egal ob Auszeit am See oder Tagesausflug mit der Familie: Am PODOBEACH werden garantiert alle glücklich. Lass dich im PODOrelax-Bereich auf dem Stand-up-Paddleboard treiben, tob dich aus beim PODOactive-Sportprogramm und lass die Kleinen im Kinderparadies PODOplay auf 18.000 m² kraxeln, pritscheln und matschen.

Entdecke ganz Podersdorf mit spannenden Rätselrallyes, gemütlichen Radrouten und Bootstouren in den angrenzenden Nationalpark.

Gratis

Tagesticket inkl. Beach-Börserl

Einlösbar bis 31.12.2025

Dein Erlebnis:

PODOBEACH Strandbad

Der Gutschein bezieht sich auf ein Ticket für einen Erwachsenen oder ein Kind. Es gelten die Einlösebedingungen des 1000things Erlebnisbuchs 2025.

Du brauchst noch mehr Infos? Hier geht's zur Website!

1000 THINGS

1000things.at/erlebnisbuch

Viel Spaß bei diesem *Erlebnis!*

Der Gutschein bezieht sich auf ein Ticket für einen Erwachsenen oder ein Kind.
Es gelten die Einlösebedingungen des 1000things Erlebnisbuchs 2025.

So war's im *PODOBEACH* Strandbad

DATUM

Ich war dort mit: ______________________________

____

____

Das hab ich probiert:

____

Mein Senf dazu:

____

Mein persönliches Highlight:

____

Sternebewertung:

SERVICE	☆ ☆ ☆ ☆ ☆
AMBIENTE	☆ ☆ ☆ ☆ ☆
GESCHMACK	☆ ☆ ☆ ☆ ☆
PREIS/LEISTUNG	☆ ☆ ☆ ☆ ☆

Nochmal?

○ JA ○ NEIN ○ VIELLEICHT

Raus

ALLE CABINS VON RAUS IN
ÖSTERREICH UND DEUTSCHLAND
RAUS.LIFE

Wenn du den Pausenknopf mal etwas länger gedrückt halten möchtest, bist du in den Cabins von Raus genau richtig. Hier nächtigst du auf 16 bis 18 Quadratmetern mitten im Wald, am Rande eines Feldes, auf Obstbaumwiesen oder neben idyllischen Gutshöfen. In diesen kleinen Wohlfühloasen erlebst du Natur pur, ohne auf Komfort verzichten zu müssen.

Rundum versorgt: Extras, regionale Köstlichkeiten und Getränke sowie verschiedene Aktivitäten kannst du dir easy dazubuchen.

10 %

Rabatt auf einen Aufenthalt ab zwei Übernachtungen

Einlösbar bis 31.12.2025

1000 THINGS

Dein Erlebnis:

Raus

Einlösbar mit dem Code RAUSAUSWIEN. Der Code gilt für Buchungen im Zeitraum 2024 und 2025 an den Standorten in Österreich und Deutschland und ist bis zum 31.12.2025 einlösbar. Der Rabatt kann nur auf die flexible Rate angewandt werden und gilt nicht für Extras. Er kann nicht nachträglich für bestehende Buchungen eingelöst werden und gilt nicht an Feiertagen. Es gelten die Einlösebedingungen des 1000things Erlebnisbuchs 2025.

Du brauchst noch mehr Infos? Hier geht's zur Website!

1000 THINGS

1000things.at/erlebnisbuch

Viel Spaß bei diesem *Erlebnis!*

Einlösbar mit dem Code RAUSAUSWIEN. Der Code gilt für Buchungen im Zeitraum 2024 und 2025 an den Standorten in Österreich und Deutschland und ist bis zum 31.12.2025 einlösbar. Der Rabatt kann nur auf die flexible Rate angewandt werden und gilt nicht für Extras. Er kann nicht nachträglich für bestehende Buchungen eingelöst werden und gilt nicht an Feiertagen. Es gelten die Einlösebedingungen des 1000things Erlebnisbuchs 2025.

So war's in der *Raus Cabin*

DATUM

Ich war dort mit: ______________________

____

____

Das hab ich probiert:

____

Mein Senf dazu:

____

Mein persönliches Highlight:

____

Sternebewertung:

SERVICE	☆ ☆ ☆ ☆ ☆
AMBIENTE	☆ ☆ ☆ ☆ ☆
GESCHMACK	☆ ☆ ☆ ☆ ☆
PREIS/LEISTUNG	☆ ☆ ☆ ☆ ☆

Nochmal?

○ JA ○ NEIN ○ VIELLEICHT

Schlosspark Mauerbach

HERZOG-FRIEDRICH-PLATZ 1
3001 MAUERBACH
+43 (0) 1 970 30100
SCHLOSSPARK.AT

Du bist auf der Suche nach Ruhe, Entspannung und Genuss? Im 4*s Schlosspark Mauerbach findest du all das und noch viel mehr. Gönn dir eine Auszeit in diesem Hideaway vor den Toren Wiens und freu dich auf eine vielfältige Saunawelt und Indoor-Outdoor-Poollandschaft mit dem Naturjuwel Wienerwald direkt vor deiner Nase.

Was für Feinschmecker*innen: Beim viergängigen Schlosspark-Tavolata-Menü wirst du mit kreativen Gourmetgerichten verwöhnt.

100 €
Wertgutschein

Einlösbar bis 31.12.2025

1000 THINGS

Dein Erlebnis:

Schlosspark Mauerbach

Gutschein beim Check-in vorweisen, dann bekommst du 100 Euro auf die Zimmerrechnung gutgeschrieben. Einlösbar nur bei Direktbuchungen ab zwei Übernachtungen im Doppelzimmer mit Doppelbelegung. Pro Zimmer und Aufenthalt kann nur ein Gutschein eingelöst werden. Es gelten die Einlösebedingungen des 1000things Erlebnisbuchs 2025.

Du brauchst noch mehr Infos? Hier geht's zur Website!

1000 THINGS

1000things.at/erlebnisbuch

Viel Spaß bei diesem *Erlebnis!*

Gutschein beim Check-in vorweisen, dann bekommst du 100 Euro auf die Zimmerrechnung gutgeschrieben. Einlösbar nur bei Direktbuchungen ab zwei Übernachtungen im Doppelzimmer mit Doppelbelegung. Pro Zimmer und Aufenthalt kann nur ein Gutschein eingelöst werden. Es gelten die Einlösebedingungen des 1000things Erlebnisbuchs 2025.

So war's im *Schlosspark* Mauerbach

DATUM

Ich war dort mit: ______________________

____

____

Das hab ich probiert:

____

Mein Senf dazu:

____

Mein persönliches Highlight:

____

Sternebewertung:

SERVICE ☆ ☆ ☆ ☆ ☆

AMBIENTE ☆ ☆ ☆ ☆ ☆

GESCHMACK ☆ ☆ ☆ ☆ ☆

PREIS/LEISTUNG ☆ ☆ ☆ ☆ ☆

Nochmal?

○ JA ○ NEIN ○ VIELLEICHT

Sonnentor Erlebnis

SPRÖGNITZ 10
3913 SPRÖGNITZ
+43 (0) 2875 7256 100
SONNENTOR.COM/ERLEBNIS

Bei SONNENTOR im Kräuterdorf Sprögnitz tauchst du voll und ganz in die Welt von Tee und Gewürzen ein. Erkunde die duftenden Kräuterhallen, verfolge die Produktkreationen auf ihrem Weg vom Feld in die Tasse, entdecke die inspirierende Unternehmensgeschichte und noch vieles mehr.

Bei der Betriebsführung kostest du dich einmal quer durchs Sortiment aus biologischen Tees, Gewürzen und Knabbereien.

1+1

gratis SONNENTOR Betriebsführung

Einlösbar bis 31.12.2025

Dein Erlebnis:

Sonnentor Erlebnis

Einlösbar im SONNENTOR Erlebnis Sprögnitz zu den aktuellen Führungszeiten (sonnentor.com/oeffnungszeiten). Nicht mit anderen Rabatten/Aktionen kombinierbar. Es gelten die Einlösebedingungen des 1000things Erlebnisbuchs 2025.

Du brauchst noch mehr Infos? Hier geht's zur Website!

1000 THINGS

1000things.at/erlebnisbuch

Viel Spaß bei diesem *Erlebnis!*

Einlösbar im SONNENTOR Erlebnis Sprögnitz zu den aktuellen Führungszeiten (sonnentor.com/oeffnungszeiten). Nicht mit anderen Rabatten/Aktionen kombinierbar. Es gelten die Einlösebedingungen des 1000things Erlebnisbuchs 2025.

So war's im *Sonnentor* Erlebnis

DATUM

Ich war dort mit: ______

Das hab ich probiert: ______

Mein Senf dazu: ______

Mein persönliches Highlight: ______

Sternebewertung:

SERVICE	☆ ☆ ☆ ☆ ☆
AMBIENTE	☆ ☆ ☆ ☆ ☆
GESCHMACK	☆ ☆ ☆ ☆ ☆
PREIS/LEISTUNG	☆ ☆ ☆ ☆ ☆

Nochmal?

○ JA ○ NEIN ○ VIELLEICHT

Stadtmuseum Steyr

GRÜNMARKT 26
4400 STEYR
+43 (0) 7252 575 1345
STADTMUSEUM-STEYR.AT

Zeitreise gefällig? Das Stadtmuseum Steyr macht's möglich. Tauche ein in die Geschichte der Eisenstadt und entdecke in der multimedialen Ausstellung *UN#ERHÖRT, dieser Bruckner!* neue Klangwelten. Hier erlebst du den Menschen Anton Bruckner und seine Musik hautnah.

Tipp: Scanne den QR-Code am Rathaus und begib dich auf einen Audio-Rundgang durch die 1.000-jährige Stadt.

1+1 *gratis Eintritt*

Einlösbar bis 31.12.2025

Dein Erlebnis:

Stadtmuseum Steyr

Gültig nur während der regulären Museumsöffnungszeiten für die Ausstellung im Innerberger Stadel. Ausgenommen sind Führungen und (Sonder-)Veranstaltungen. Es gelten die Einlösebedingungen des 1000things Erlebnisbuchs 2025.

Du brauchst noch mehr Infos? Hier geht's zur Website!

1000 THINGS

1000things.at/erlebnisbuch

Viel Spaß bei diesem *Erlebnis!*

Gültig nur während der regulären Museumsöffnungszeiten für die Ausstellung im Innerberger Stadel. Ausgenommen sind Führungen und (Sonder-)Veranstaltungen. Es gelten die Einlösebedingungen des 1000things Erlebnisbuchs 2025.

So war's im *Stadtmuseum* Steyr

DATUM

Ich war dort mit: ____________________

____

____

Das hab ich probiert:

____

Mein Senf dazu:

____

Mein persönliches Highlight:

____

Sternebewertung:

SERVICE ☆ ☆ ☆ ☆ ☆

AMBIENTE ☆ ☆ ☆ ☆ ☆

GESCHMACK ☆ ☆ ☆ ☆ ☆

PREIS/LEISTUNG ☆ ☆ ☆ ☆ ☆

Nochmal?

○ JA ○ NEIN ○ VIELLEICHT

Steppenduft

MARIA WEITNER-PLATZ 28
7132 FRAUENKIRCHEN
+43 (0) 680 238 33 19
STEPPENDUFT.AT

Tauche ein in die mystisch-magische Welt der Düfte in der pannonischen Duftmanufaktur Steppenduft. Entdecke die erstaunliche Welt der Duftpflanzen in einem renovierten Schweinestall, lass dich vom Kräuterwissen des Duftbauern höchstpersönlich zum Staunen bringen und schnupper dich bei einem Glaserl Wein einmal quer durchs Sortiment.

Zusätzliches Highlight: Zur Lavendel-Blütezeit ist auch ein kurzer Besuch für ein Foto am Feld möglich.

1 + 1

gratis Schnupperstunde & 10 % Rabatt auf Ab-Hof-Einkauf

Einlösbar bis 31.12.2025

Dein Erlebnis:

Steppenduft

Der Gutschein kann vor Ort nach der Schnupperstunde eingelöst werden. Anmeldung über die Website erforderlich. Es gelten die Einlösebedingungen des 1000things Erlebnisbuchs 2025.

Du brauchst noch mehr Infos? Hier geht's zur Website!

1000 THINGS

1000things.at/erlebnisbuch

Viel Spaß bei diesem *Erlebnis!*

Der Gutschein kann vor Ort nach der Schnupperstunde eingelöst werden. Anmeldung über die Website erforderlich. Es gelten die Einlösebedingungen des 1000things Erlebnisbuchs 2025.

So war's im *Steppenduft*

DATUM

Ich war dort mit: ________________

Das hab ich probiert:

Mein Senf dazu:

Mein persönliches Highlight:

Sternebewertung:

SERVICE ☆ ☆ ☆ ☆ ☆

AMBIENTE ☆ ☆ ☆ ☆ ☆

GESCHMACK ☆ ☆ ☆ ☆ ☆

PREIS/LEISTUNG ☆ ☆ ☆ ☆ ☆

Nochmal?

○ JA ○ NEIN ○ VIELLEICHT

Stift *Heiligenkreuz*

MARKGRAF-LEOPOLD-PLATZ 1
2532 HEILIGENKREUZ IM WIENERWALD
+43 (0) 2258 8703
STIFT-HEILIGENKREUZ.ORG

Kultur, Natur und Kulinarik vereinen sich im Stift Heiligenkreuz im Wienerwald. Entdecke das fast 900 Jahre alte Zisterzienserstift – vom romantischen Stiftshof über die Abteikirche bis zum Brunnenhaus. Zusätzlich gibt's auch noch was für die Ohren, denn immer wieder lauschst du hier auch traditionellen Chorgesängen.

Probiere unbedingt auch die Klostercremeschnitte im Klostergasthof!

1+1

gratis Eintritt mit Audioguide

Einlösbar bis 31.12.2025

Dein Erlebnis:

Stift *Heiligenkreuz*

Einzulösen für einen Eintritt mit Audioguide im Stift Heiligenkreuz. Beim Kauf eines Tickets ist das weitere Ticket kostenfrei. Es gelten die Einlösebedingungen des 1000things Erlebnisbuchs 2025.

Du brauchst noch mehr Infos? Hier geht's zur Website!

1000 THINGS

1000things.at/erlebnisbuch

Viel Spaß bei diesem *Erlebnis!*

Einzulösen für einen Eintritt mit Audioguide im Stift Heiligenkreuz. Beim Kauf eines Tickets ist das weitere Ticket kostenfrei. Es gelten die Einlösebedingungen des 1000things Erlebnisbuchs 2025.

So war's im Stift *Heiligenkreuz*

DATUM

Ich war dort mit: ______________________

____

____

Das hab ich probiert:

____

Mein Senf dazu:

____

Mein persönliches Highlight:

____

Sternebewertung:

SERVICE ☆ ☆ ☆ ☆ ☆

AMBIENTE ☆ ☆ ☆ ☆ ☆

GESCHMACK ☆ ☆ ☆ ☆ ☆

PREIS/LEISTUNG ☆ ☆ ☆ ☆ ☆

Nochmal?

○ JA ○ NEIN ○ VIELLEICHT

St. Martins Therme & Lodge

IM SEEWINKEL 1
7132 FRAUENKIRCHEN
+43 (0) 2172 20 500 600
STMARTINS.AT

Tauch ein in die Wasserwelten der St. Martins Therme & Lodge im burgenländischen Seewinkel. In Österreichs einziger See-Therme trifft Wellness auf Abenteuer und Natur pur: Neben der heißen Quelle Pannoniens sorgt der hauseigene acht Hektar große Badesee für Südsee-Inselfeeling mit ultimativem Erholungsfaktor.

Für Nachteulen: Freitags und samstags hat die St. Martins Therme & Lodge sogar bis Mitternacht geöffnet.

1+1

gratis Tagesthermeneintritt

Einlösbar bis 31.12.2025

1000 THINGS

Dein Erlebnis:

St. Martins Therme & Lodge

Gegen Vorlage dieses Gutscheins ist der Tageseintritt (ohne Sauna) für die zweite Person gratis. Bei unterschiedlichen Tarifen gilt der Gratis-Eintritt für den günstigeren Tarif. Nicht mit anderen Rabatten oder Aktionen kombinierbar. Kein Weiterverkauf gestattet. Es gelten die Einlösebedingungen des 1000things Erlebnisbuchs 2025.

Du brauchst noch mehr Infos? Hier geht's zur Website!

1000 THINGS

1000things.at/erlebnisbuch

Viel Spaß bei diesem *Erlebnis!*

Gegen Vorlage dieses Gutscheins ist der Tageseintritt (ohne Sauna) für die zweite Person gratis. Bei unterschiedlichen Tarifen gilt der Gratis-Eintritt für den günstigeren Tarif. Nicht mit anderen Rabatten oder Aktionen kombinierbar. Kein Weiterverkauf gestattet. Es gelten die Einlösebedingungen des 1000things Erlebnisbuchs 2025.

So war's in der *St. Martins* Therme & Lodge

DATUM

Ich war dort mit: ____________________

____

____

Das hab ich probiert:

____

Mein Senf dazu:

____

Mein persönliches Highlight:

____

Sternebewertung:

SERVICE	☆ ☆ ☆ ☆ ☆
AMBIENTE	☆ ☆ ☆ ☆ ☆
GESCHMACK	☆ ☆ ☆ ☆ ☆
PREIS/LEISTUNG	☆ ☆ ☆ ☆ ☆

Nochmal?

◯ JA ◯ NEIN ◯ VIELLEICHT

Thermalbad Vöslau

MAITAL 2
2540 BAD VÖSLAU
+43 (0) 2252 762660
THERMALBAD-VOESLAU.AT

Seit jeher ist das Thermalbad Vöslau der Inbegriff der Sommerfrische. Tauche ab in vier Becken voller Mineralstoffe, spaziere durch den 45.000 m² großen Marienpark und entspanne im schattigen Föhrenwald. Für Action zwischendurch sorgen der Kinderspielplatz und die Sportanlage mit Beachvolleyballplatz und Minigolfanlage.

Mit der 15.000 Jahre alten und 660 Meter tiefen Ursprungsquelle von Vöslauer gibt es hier einen echten Naturschatz zu entdecken.

1+1
gratis Kombiticket für Tageseintritt

Einlösbar bis 31.12.2025

1000 THINGS

Dein Erlebnis:

Thermalbad Vöslau

Gutschein gültig von 26.4.2025 bis 28.9.2025. Der Eintritt in den Saunabereich ist nicht inkludiert. Es gelten die Einlösebedingungen des 1000things Erlebnisbuchs 2025.

Du brauchst noch mehr Infos? Hier geht's zur Website!

1000 THINGS

1000things.at/erlebnisbuch

Viel Spaß bei diesem *Erlebnis!*

Gutschein gültig von 26.4.2025 bis 28.9.2025. Der Eintritt in den Saunabereich ist nicht inkludiert. Es gelten die Einlösebedingungen des 1000things Erlebnisbuchs 2025.

So war's im *Thermalbad* Vöslau

DATUM

Ich war dort mit: ______________________

____

____

Das hab ich probiert:

____

Mein Senf dazu:

____

Mein persönliches Highlight:

____

Sternebewertung:

SERVICE ☆ ☆ ☆ ☆ ☆

AMBIENTE ☆ ☆ ☆ ☆ ☆

GESCHMACK ☆ ☆ ☆ ☆ ☆

PREIS/LEISTUNG ☆ ☆ ☆ ☆ ☆

Nochmal?

○ JA ○ NEIN ○ VIELLEICHT

Tschardakenhof Appartements

HAUPTSTRASSE 28
7361 LUTZMANNSBURG
+43 (0) 660 5208 351
TSCHARDAKENHOF.AT

Egal ob Wochenendtrip oder Longstay, im Tschardakenhof kannst du dich ganz gepflegt zurücklehnen und die pannonische Lebensweise so richtig genießen. Hier residierst du in einem von fünf Ferienappartments in einem denkmalgeschützten Streckhof – Frühstücksservice und Burgenland Card inklusive.

Gönn dir zusätzlich ein Wein.Genuss-Package und erlebe die vinophile Welt Lutzmannsburgs.

10 %

Rabatt auf die Tagesrate inkl. 1 Flasche Blaufränkischer

Einlösbar bis 31.12.2025

1000 THINGS

Dein Erlebnis:

Tschardakenhof Appartements

Gutscheine können nach Verfügbarkeit auf die Tagespreise als auch Packages eingelöst werden. Gutschein bei Reservierung per Telefon oder Mail ankündigen. Bei Packages werden die 10 % Rabatt nur auf die hauseigenen Leistungen abgezogen. Es gelten die Einlösebedingungen des 1000things Erlebnisbuchs 2025.

Du brauchst noch mehr Infos? Hier geht's zur Website!

1000 THINGS

1000things.at/erlebnisbuch

Viel Spaß bei diesem *Erlebnis!*

Gutscheine können nach Verfügbarkeit auf die Tagespreise als auch Packages eingelöst werden. Gutschein bei Reservierung per Telefon oder Mail ankündigen. Bei Packages werden die 10 % Rabatt nur auf die hauseigenen Leistungen abgezogen. Es gelten die Einlösebedingungen des 1000things Erlebnisbuchs 2025.

So war's in den *Tschardakenhof* Appartements

DATUM

Ich war dort mit: ____________________

____

____

Das hab ich probiert:

____

Mein Senf dazu:

____

Mein persönliches Highlight:

____

Sternebewertung:

SERVICE ☆ ☆ ☆ ☆ ☆
AMBIENTE ☆ ☆ ☆ ☆ ☆
GESCHMACK ☆ ☆ ☆ ☆ ☆
PREIS/LEISTUNG ☆ ☆ ☆ ☆ ☆

Nochmal?

○ JA ○ NEIN ○ VIELLEICHT

Vino Versum Poysdorf Tourismus

BRÜNNER STRASSE 28
2170 POYSDORF
+43 (0) 2552 20 371
VINOVERSUM.AT

Traubenträume so weit das Auge reicht: In der WEIN+TRAUBEN Welt spazierst du durch idyllische Weingärten, reist durch die Jahrtausende alte Weingeschichte und erfährst im Pressenmuseum alles über die Entwicklung der Weintechnologie. Kleine Traubenfans können sich währenddessen am Traubenspielplatz austoben.

Als krönenden Abschluss dürfen die köstlichen Traubensäfte und Weine im Weinmarkt Poysdorf verkostet werden.

1+1

gratis Eintritt in das Museum WEIN+TRAUBEN Welt + 2 Weinproben

Einlösbar bis 31.12.2025

1000 THINGS

Dein Erlebnis:

Vino Versum Poysdorf Tourismus

Der Gutschein ist von Anfang April bis Ende Oktober zu den Museumsöffnungszeiten bis 31.12.2025 einlösbar. Bei zwei Erwachsenen erhält der zweite Erwachsene die Leistung gratis. Gutschein nicht für gewerbliche Zwecke oder Reisegruppen gültig. Es gelten die Einlösebedingungen des 1000things Erlebnisbuchs 2025.

Du brauchst noch mehr Infos? Hier geht's zur Website!

1000 THINGS

1000things.at/erlebnisbuch

Viel Spaß bei diesem *Erlebnis!*

Der Gutschein ist von Anfang April bis Ende Oktober zu den Museumsöffnungszeiten bis 31.12.2025 einlösbar. Bei zwei Erwachsenen erhält der zweite Erwachsene die Leistung gratis. Gutschein nicht für gewerbliche Zwecke oder Reisegruppen gültig. Es gelten die Einlösebedingungen des 1000things Erlebnisbuchs 2025.

So war's im *Vino Versum* Poysdorf Tourismus

DATUM

Ich war dort mit: ______

Das hab ich probiert:

Mein Senf dazu:

Mein persönliches Highlight:

Sternebewertung:

SERVICE ☆ ☆ ☆ ☆ ☆

AMBIENTE ☆ ☆ ☆ ☆ ☆

GESCHMACK ☆ ☆ ☆ ☆ ☆

PREIS/LEISTUNG ☆ ☆ ☆ ☆ ☆

Nochmal?

◯ JA ◯ NEIN ◯ VIELLEICHT

Pferschy-Seper Wein & Heuriger

FRIEDRICH SCHILLER-STRASSE 4–6
2340 MÖDLING
+43 (0) 2236 892845
PFERSCHY-SEPER.AT

Lust auf regionale Schmankerl und mehrfach prämierten Bio-Wein? Beim Weingut und Heurigen Pferschy-Seper werden seit über 300 Jahren vinophile Traditionen gelebt und neu gedacht. Also: Schnapp dir ein Glaserl Bio-Wein – oder zwei, oder drei – und mach dir eine gemütliche Zeit im lauschigen Gastgarten.

Tipp: Unbedingt auch unterm Jahr bei einer der vielfältigen Veranstaltungen vorbeischauen!

1 + 1

gratis Kostbrettl nach Wahl mit 5 Bio-Weinen (je 1/16 L)

Einlösbar bis 31.12.2025

Dein Erlebnis:

Pferschy-Seper Wein & Heuriger

Kann während den Heurigen-Öffnungszeiten (siehe Website) eingelöst werden – außerhalb davon nach telefonischer Vereinbarung. Auch alkoholfreie Alternativen möglich. Es gelten die Einlösebedingungen des 1000things Erlebnisbuchs 2025.

Du brauchst noch mehr Infos? Hier geht's zur Website!

1000 THINGS

1000things.at/erlebnisbuch

Viel Spaß bei diesem *Erlebnis!*

Kann während den Heurigen-Öffnungszeiten (siehe Website) eingelöst werden – außerhalb davon nach telefonischer Vereinbarung. Auch alkoholfreie Alternativen möglich. Es gelten die Einlösebedingungen des 1000things Erlebnisbuchs 2025.

So war's beim *Pferschy-Seper* Wein & Heurigen

DATUM

Ich war dort mit:

Das hab ich probiert:

Mein Senf dazu:

Mein persönliches Highlight:

Sternebewertung:

SERVICE ☆ ☆ ☆ ☆ ☆
AMBIENTE ☆ ☆ ☆ ☆ ☆
GESCHMACK ☆ ☆ ☆ ☆ ☆
PREIS/LEISTUNG ☆ ☆ ☆ ☆ ☆

Nochmal?

○ JA ○ NEIN ○ VIELLEICHT

Weingut *Holzapfel*

PRANDTAUERPLATZ 36
3610 JOCHING
+43 (0) 2715 2310
HOLZAPFEL.AT

Genießer*innen aufgepasst: Wir haben die perfekte Homebase für deinen nächsten kulinarischen Kurztrip in die wunderschöne Wachau. Am Weingut der Familie Holzapfel nächtigst du nicht nur in den Weinbergen, sondern bekommst auch köstlichsten Vino und wirst im Gutshofrestaurant mit regionalen Schmankerl verwöhnt.

Wachau to go: Hol dir deinen persönlichen Genusskorb für ein Picknick zwischen den Weinreben!

Dein Erlebnis:

Weingut *Holzapfel*

Einlösbar in Kombination mit einem Essen im Gutshofrestaurant, bei einer Übernachtung, beim Weineinkauf oder bei einer Picknickabholung. Es gelten die Einlösebedingungen des 1000things Erlebnisbuchs 2025.

2 *Gläser Sekt zur Begrüßung*

Einlösbar bis 31.12.2025

Du brauchst noch mehr Infos? Hier geht's zur Website!

1000 THINGS

1000things.at/erlebnisbuch

Viel Spaß bei diesem *Erlebnis!*

Einlösbar in Kombination mit einem Essen im Gutshofrestaurant, bei einer Übernachtung, beim Weineinkauf oder bei einer Picknickabholung. Es gelten die Einlösebedingungen des 1000things Erlebnisbuchs 2025.

So war's im Weingut *Holzapfel*

DATUM

Ich war dort mit: ____________________

____

____

Das hab ich probiert:

____

Mein Senf dazu:

____

Mein persönliches Highlight:

____

Sternebewertung:

SERVICE	☆ ☆ ☆ ☆ ☆
AMBIENTE	☆ ☆ ☆ ☆ ☆
GESCHMACK	☆ ☆ ☆ ☆ ☆
PREIS/LEISTUNG	☆ ☆ ☆ ☆ ☆

Nochmal?

○ JA ○ NEIN ○ VIELLEICHT

Whiskyerlebnis-welt Haider

ROGGENREITH 3
3664 ROGGENREITH
+43 (0) 2874 7496
WHISKYERLEBNISWELT.AT

Auf der Suche nach einem Erlebnis für alle Sinne? In Österreichs ältester Whisky-destillerie im Waldviertel erlebst du den Kornbrand in seiner edelsten Form. Lass dich durch die Geschichte des Whiskys begleiten, erfahre alles über Herstellung und Lagerung und entdecke seinen vielfältigen Geschmack bei einer Verkostung.

Lass dir auf keinen Fall den 7.000 m² großen Feuer-Wasser-Garten entgehen und mach's dir im Café mit Terrasse gemütlich

1 + 1
gratis geführte Tour & Verkostung

Einlösbar bis 31.12.2025

Dein Erlebnis:

Whiskyerlebnis-welt Haider

Der Gutschein kann nur zu den regulären Fixterminen nach Voranmeldung eingelöst werden (täglich zu den Öffnungszeiten um 14.30 Uhr). Es gelten die Einlösebedingungen des 1000things Erlebnisbuchs 2025.

Du brauchst noch mehr Infos? Hier geht's zur Website!

1000 THINGS

1000things.at/erlebnisbuch

Viel Spaß bei diesem *Erlebnis!*

Der Gutschein kann nur zu den regulären Fixterminen nach Voranmeldung eingelöst werden (täglich zu den Öffnungszeiten um 14.30 Uhr). Es gelten die Einlösebedingungen des 1000things Erlebnisbuchs 2025.

So war's in der *Whiskyerlebnis-welt* Haider

DATUM

Ich war dort mit:

Das hab ich probiert:

Mein Senf dazu:

Mein persönliches Highlight:

Sternebewertung:

SERVICE ☆☆☆☆☆
AMBIENTE ☆☆☆☆☆
GESCHMACK ☆☆☆☆☆
PREIS/LEISTUNG ☆☆☆☆☆

Nochmal?

○ JA ○ NEIN ○ VIELLEICHT

Tipp des Tages

Was geht heut' noch?
Scanne den Code
& be inspired

Wir liefern dir Tipps für Wien:
vom neuen Fine-Dining-Lokal bis zum kostenlosen Open-Air-Rave.

Platz für *Notizen, Memos und Marmeladenglasmomente*

Platz für *Notizen, Memos und Marmeladenglasmomente*

Platz für *Notizen, Memos und Marmeladenglasmomente*

Platz für *Notizen, Memos und Marmeladenglasmomente*

Glossar

Fotonachweis

1000things: *S. 10, 24, 26, 28, 29, 31, 33, 35, 36, 42, 44, 46, 50, 72, 75, 80–83, 88, 92–94, 97–99, 104–107, 110, 112, 113, 116*
Alex Lang: *S. 123*
Andreas Hofer Photography: *S. 17*
Andreas Siebenhofer: *S. 20*
Althof Retz: *S. 121*
Archiv Almasy: *S. 137*
At the Park Hotel: *S. 125*
Bauernspeis: *S. 127*
Bianca Hochenauer: *S. 47*
Daniel Leeb für 1000things: *S. 8, 12, 13, 56, 95*
Donau Niederösterreich | Friedl und Schmatz: *S. 19*
dunkelweiss | Julian Schmidt: *S. 63*
Echte Freude: *S. 141*
Eric van Ommen | Podersdorf am See: *S. 153*
eSeL.at | Lorenz Seidler: *S. 119*
Fabian Steppan: *S. 175*
Falkensteiner Hotels & Residences: *S. 133*
FLIP LAB | Studeny: *S. 135*
Florian Blauensteiner: *S. 68, 131*
Flugschule FLY Hohe Wand: *S. 27*
Fred Lindmoser: *S. 62*
Häusler: *S. 177*
Heiltherme Bad Waltersdorf | Eisenberger: *S. 18*
Helena Wimmer: *S. 161*
Hofmeisterei Hirtzberger: *S. 43*
Ines Futterknecht für 1000things: *S. 74, 111*
Jürgen Skarwan: *s. 49*
Katrin Feisch: *S. 143*
Kathrin Schlager für 1000things: *S. 108, 109*
Kittenberger Erlebnisgärten: *S. 145*
Lisa Schmerold für 1000things: *S. 103*
LOISIUM WeinWelt: *S .11, 147*
Loizenbauer: *S. 173*
Manuel Hahn | Alpakahof Hahn: *S. 64*
Marktgemeinde Perchtoldsdorf | Helmut Strohmer: *S. 30*
Med.Vital Baden: *S. 15*
Midjourney (Elisabeth Sas): *S. 60*
Museumsdorf Niedersulz: *S. 84*
neonwave.studio| Dávid Bártfay | McArthurGlen Designer Outlet Parndorf: *S. 149*
Niederösterreich Werbung | Michal Petrů: *S. 100, 101*
NÖ Museum Betriebs GmbH | Daniel Hinterramskogler: *S. 151*
Noel Richter: *S. 155*
Norbert Novak: *S. 32*
Pavel Laurencik: *S. 26*
Payer: *S. 58*
Rainer Mirau: *S. 79*
Renate Rührenschopf: *S. 129*
Retzer Land | Die Reisereporter: *S. 34*
Robert Herbst: *S. 77*
Römerstadt Carnuntum: *S. 76*
Rooobert Bayer | Wolf Science Center: *S. 67*
Rupert Steiner: *S. 87*
Sarah Fruhwirt | Unsplash: *S. 6*
Schloß Schönbrunn Kultur- und Betriebsges.m.b.H |
Severin Wurnig: *S. 78*
Schlosspark Mauerbach: *S. 157*
SONNENTOR | @nudlholz.at: *S. 14, 159*
Speedworld Kart Racing GmbH: *S. 61*
Stefan Knittel: *S. 163*
Steppentierpark Pamhagen: *S. 66*
Stift Heiligenkreuz: *S. 165*
St. Martins Therme & Lodge | Dragan Dok: *S. 167*
Stodlschenke: *S. 51*
taubenkobel: *S. 45*
Thermalbad Vöslau: *S. 169*
Tony Gigov: *S. 48*
velotour: *S. 102*
VIER PFOTEN | Gerlinde Mairhofer: *S. 65*
Vrääth Öhner: *S. 171*
Waldschenke Staar: *S. 40, 52*
Waldviertel Tourismus | Doris Schwarz-König: *S. 179*
wearegiving: *S. 139*
Wexl Arena | St. Corona am Wechsel: *S. 59*

Hast du Feedback für uns?

Jetzt reicht's! Wir haben dich mit Ausflugszielen zugezimmert und mit Inspiration vollgelabert. Zeit, dass du endlich auch mal zu Wort kommst. Wie hat dir dieses Buch gefallen? Würdest du es deinem Lieblingsmenschen schenken oder doch lieber deinem schlimmsten Erzfeind? Konnten wir dich zu einigen Ausflügen inspirieren oder bist du dank uns jetzt doch zum überzeugten Stubenhocker mutiert? Schick uns deine Anregungen, Beschwerden und Liebesbriefe, indem du den QR-Code scannst. Und wenn du Fragen rund um die 1000things Erlebnisbücher, die Gutscheine oder unsere Tipps hast, wende dich am besten an **erlebnisbuch@1000things.at.**

Impressum

1. Auflage 2024
ISBN: 978-3-200-09935-7
1000things.at

Verlag:
1000things GmbH
Burggasse 94a
1070 Wien
web: 1000things.at
mail: erlebnisbuch@1000things.at

Druckerei:
Bösmüller Print Management GesmbH & Co. KG
Obere Augartenstraße 32
1020 Wien
E-Mail: office@boesmueller.at
Website: www.boesmueller.at
Telefon: +43 2266 68180

Idee:
Jan Pöltner

Projektleitung:
Elisabeth Sas

Konzept:
Elisabeth Sas, Viktoria Klimpfinger, Evgenia Karp

Text:
Markus Schwarz, Marlene Scheuch

Lektorat:
Viktoria Klimpfinger

Korrektorat:
Evgenia Karp

Layout, Gestaltung und Satz:
Toni Eisner, Denise Roznovsky, Theresa Pöschl

Fotografie:
Lilli Wermuth, Katharina Tesch,
Viktoria Klimpfinger

Kooperationen:
Denise Riedl, Paulina Eitler, Franziska Bösch,
Anna Huber

Außerdem erschienen:
Das 1000things Erlebnisbuch
Kulinarik in Wien
Mach mehr aus deiner Freizeit:
Die 1000things Erlebnisbuch-Reihe
bringt dir jedes Jahr frisch gedruckte
Ideen für deine freien Stunden.
DAS 1000THINGS
Erlebnis-
buch
30+
Gutscheine
für deine
Freizeit!
KULINARIK IN WIEN
2025
1000
THINGS
DAS 1000THINGS
KULINARIK IN WIEN
Scannen und direkt
den Shop besuchen:
1000
THINGS